古典文獻研究輯刊

十八編

潘美月・杜潔祥 主編

第12冊

清代直隸方志研究（上）

方廣嶺 著

國家圖書館出版品預行編目資料

清代直隸方志研究（上）／方廣嶺　著 — 初版 — 新北市：花木蘭文化出版社，2014〔民 103〕

序 6+ 目 4+172 面；19×26 公分

（古典文獻研究輯刊　十八編；第 12 冊）

ISBN：978-986-322-620-8（精裝）

1. 方志學　2. 研究考訂　3. 清代

011.08　　103001308

ISBN-978-986-322-620-8

古典文獻研究輯刊

十八編　第十二冊　　ISBN：978-986-322-620-8

清代直隸方志研究（上）

作　　者　方廣嶺

主　　編　潘美月　杜潔祥

總 編 輯　杜潔祥

副總編輯　楊嘉樂

編　　輯　許郁翎

企劃出版　北京大學文化資源研究中心

出　　版　花木蘭文化出版社

社　　長　高小娟

聯絡地址　235 新北市中和區中安街七二號十三樓

電話：02-2923-1455 ／傳真：02-2923-1452

網　　址　http://www.huamulan.tw　信箱　hml 810518@gmail.com

印　　刷　普羅文化出版廣告事業

初　　版　2014 年 3 月

定　　價　十八編 22 冊（精裝）新台幣 40,000 元

清代直隸方志研究（上）

方廣嶺　著

作者簡介

方廣嶺，生於 1963 年 12 月，河北省冀州人。1986 年獲得吉林大學歷史學學士學位，1989 年獲得南開大學歷史研究所歷史學碩士學位，2010 年獲得南開大學歷史學院歷史學博士學位，現爲天津圖書館副研究員。長期從事地方志史和民俗學的研究，獨立主持完成一項天津市市級社會科學文化藝術課題項目，參與主持完成多項國家級和市級重點社科項目。參與撰寫論著多部，並在各類學術期刊上獨立撰寫、發表論文五十餘篇，其中部分成果獲得國家級和市級獎勵。

提　　要

直隸在清代屬於政治、經濟、文化發達地區，因此這一區域的地方志編修活動十分繁榮，產生了許多的優秀作品，數量位居全國前列，代表着清代地方志編修的最高水平。以往學術界對於清代直隸方志的研究，只是從個別角度和淺層次進行探討，缺乏從多角度、深層次進行綜合性的研究。主要表現在這些論文和論著都是將直隸歷代編修志書整體狀況作爲考察的對象，清代方志只是作爲其中附屬的一部分內容，而對於清代直隸方志的史料價值，則缺乏深入研究。本書詳細介紹清代直隸地區行政管轄區域的沿革與變化，清代直隸方志的編修源流及其演變，志書的編纂組織與經費保障，清代直隸方志的體例、理論與類型。概述清代直隸方志的主要內容，探究志書的續修和增修狀況，研究志書編修的發展和變化狀況，探討清代直隸方志興盛的原因，以及對後世方志編修產生的影響。本書在充分運用大量清代直隸地方志資料的基礎上，結合明清時期有關正史、文集、筆記等文獻中的相關內容，認眞進行分析和研究，認爲清代直隸方志的史料價值，主要體現爲「詳正史之略，補正史之缺，糾正史之誤。」

清代是中國方志編修及方志學發展過程中的重要階段。晚清社會的現實環境，促使很多直隸方志編修者更加注重結合社會的現實。當時伴隨着社會的逐步轉型，西方進化論觀念不斷深入人心，注重經濟，發展實業，作爲一條救國救民有效的途徑，發揮着日益重要的作用。因此方志編修者的理念，開始向「變法維新」、「振興實業」的思想方向轉變，目的就在於喚起全社會的憂患意識，改革積弊，救亡圖存。這些觀點已經超越了舊志編纂僅僅側重於資政輔治，訓化臣民和供史籍取材等要旨的藩籬，是方志基本功能的一次昇華。晚清直隸方志在體例和內容上都補充了不少新的內容，設置了許多新的門類。如政治上第二次鴉片戰爭中清政府與西方列強簽定不平等條約的過程及主要內容，西方列強在天津強行設立「租界」的情況，以及十九世紀末，二十世紀初清政府施行「新政」，其中涉及「警政」等內容。經濟上有關鐵路運輸、郵政、電報、採礦等內容，教育上清末各類新式學堂的設立等內容，都開始見諸於直隸方志。而涵蓋這些新內容的「經政」、「鐵路」、「礦山」等，逐步成爲當時方志編修中設立的新門目。本書對此都能夠給與充分的重視，進行深入的分析。

正確認識清代直隸方志的歷史地位具有重要的意義。清代直隸方志既是中國古代方志編修活動發展到鼎盛階段的產物，爲研究中國古代方志的編修情況，提供了很多有價值的佐證；又是中國近代方志編修活動開端的重要標誌之一，包括直隸方志在內晚清方志編纂活動中出現的變化，爲中國方志學的進一步發展提供了鋪墊和橋梁。而民國時期方志編纂的發展和成就，正是在這一基礎上取得的。

另外目前學術界有關清代直隸方志整理的著述和書目較多，其中對於清代直隸方志數量、卷數、編修者、編修刊刻時間以及版本情況的介紹，都存在許多缺漏和舛誤之處。筆者在繼承學術界既有成果的基礎上，經過認真的梳理，並參考其它有關文獻的記載，對現存清代直隸方志種類、纂修者、卷數、版本、存佚情況，做一次比較全面的整理和考證。經過本人的考辨，並結合有關文獻的記載，大體確定現存清代直隸各類地方志文獻應爲 519 種，另外還有佚書 75 種，均高於學術界以往有關文獻中的記載。

序

中國地方志是源遠流長的。其起源於先秦，隨着時間的推移而不斷成長。到了宋元時期，其纂修趨於定型，體例漸趨完備。至明代，其纂修既有繼承，也有創新。而到清代乾隆時期，則進入了空前繁榮的階段。伴隨晚清社會環境的變化，中國地方志的纂修逐步過渡到一個新的歷史階段。因此對於歷史悠久的中國地方志的研究、利用，為了達到深入，顯然應當不厭其煩地就其各個發展階段分別進行，而後達到通貫總體的準確把握。同時由於中國的幅員十分廣闊，各個地區經濟發展和文化進步的程度大有差別，這種基礎條件影響了地方志的纂修。在同一個時期，不同地區的地方志纂修狀況，大有不同。這又使地方志的研究，除了從全國地方志的各個階段分別進行外，還應從各個區域的實際狀況分別着手。只有這樣，才能弄清其眞實情形，徹底把握。

清代直隸是當時中國經濟最發達、文化最進步的地區之一，其地方志的纂修，無論從數量上而言，還是從質量上來講，抑或是從有關理論的完備程度來談，都走在全國的最前列。因此可以說清代直隸方志,代表了當時中國方志纂修發展的最高水平。但是以往學術界對於清代直隸方志的研究，只側重將直隸歷代方志編修狀況作為一個整體的考察對象，而清代方志僅僅作為其中附屬的一部分，因此對於清代直隸方志整體狀況，包括其史料價值，以及編修的特點和創新之處等重要問題，都缺乏深入研究。

《清代直隸方志研究》一書，正是既考慮到時期（清代），又考慮到區域（直隸）而研究方志的。全書凡 30 餘萬字，共分為七章，系統論述了與清代直隸方志有關的許多方面的內容，包括從整體上介紹清代直隸地區行政管轄區域的沿革與變化，清代直隸方志的編修源流及其演變，志書編纂的組織與經費保障，清代直隸方志的編修體例、理論與類型。概述清代直隸方志的主要內容，探究志書的續修和增修狀況。深入剖析和認識清代直隸方志的史料價值，研究志書編修的發展、變化和創新等狀況。探討清代直隸方志興盛的原因，以及對後世方志編修產生的影響。全書在史論結合的基礎上，採用總體分析與個案剖析交互使用的辦法，透徹、雄辯地闡述了作者的研究成果。作者爲寫作此書，做了超乎尋常的努力，其所參考過的古今文獻即包括正史政書類、宮廷檔案類、筆記文集類、近代書刊報紙類、書目提要類、方志類、近人今人論著論文類等七類近四百種。這部論著的學術價值十分突出，集中體現在：

一、關於清代直隸方志的史料價值，目前無論是在方志研究中，還是在清史研究中，都是一個值得深入探討的重要問題。本書作者就目前有關清代直隸歷史的諸多熱點問題，運用大量清代直隸地方志中的有關資料，並且結合清代正史、文集、筆記等文獻的相關內容，着手具體的比較，進行深入淺出的分析。認爲清代直隸方志的史料價值，主要體現爲「詳正史之略，補正史之缺，糾正史之誤」的定位上，並且圍繞這一觀點，運用豐富的史料，進行認眞的分析和探討，充分揭示了直隸方志對於清史研究領域的重要參考價值，讀後使人備受啓迪。

二、清代是中國方志編修及方志學發展過程中十分的重要發展階段。在清前期中國古代方志學的發展曾經達到一個鼎盛時期，而伴隨晚清社會環境的改變，中國方志學開始由古代階段向近代階段過渡。在當時的社會環境下，西方進化論觀念逐步深入人心，注重經濟，發展實業逐步成爲一條救國救民重要的途徑，直隸方志的編修活動自身也體現出這樣的特色。很多志書編修者更加注意結合近代中國的社會現實，在志書編修過程中增加很多新的內容，設置許多新的門類。這些內容和體例在舊志編修中都是不曾出現過的，對此作者都能夠給與充分的認識，進行深入的分析和探討，讀來使人頓感眼前一亮。

三、近年來對於清代直隸方志文獻的整理，雖然取得一定成果，但是仍然存在許多不足。如目前各種方志書目中所收錄清代直隸方志的數量難言詳盡，甚至有些方志書目中僅僅反映其中的一小部分，因此不具備廣泛的代表性。再加上對有關志書的編修者姓名、卷數、刊印時間、版本存佚等內容的記述，也都不同程度存在着許多舛誤和問題。作者在繼承方志學界既有成果的基礎上，經過認眞的查尋和梳理，並結合有關文獻的記載，對現存清代直隸方志種類、纂修者、卷數、版本、存佚情況，進行了一次比較全面的整理和考辨，最終所確定現存清代直隸各類地方志和佚書的數量，均高於方志學界以往有關文獻中的記載。如總表一《清代直隸府州縣地方志編修狀況統計表》，即準確介紹了清代直隸方志四百餘種方志的書名、卷數、纂修者、版本、存佚情況、資料來源等詳盡的資料信息。本書不僅能夠爲讀者提供了很多資料、知識，而且也包括大量準確的書目情報信息。因此有這樣一部論著問世，對於人們研究清代直隸方志，以及瞭解清代直隸的歷史狀況，無疑提供了極大的便利和幫助。就筆者目前的閱讀所及，方志學界和清史學界關於清代直隸方志的總體性專門研究，在這部論著之前尚未出現。由此說來，這部論著的問世，實爲填補了方志學界和清史學界一項亟待填補的空白。因此，《清代直隸方志研究》的出版，有利地推動了方志學和清史學研究的發展。

當然任何事物都不會是盡善盡美的，《清代直隸方志》一書也有其有待進一步提高之處，如清代直隸方志與清代其他地域方志的比較研究似應加強，但瑕不掩瑜，這部論著總體上看還是具有很高的學術價值，是作者多年從事清代直隸方志研究和整理的結晶。

我與方廣嶺同志相識在 1986 年，算起來已經有 20 多年了。其間他有四年在我名下攻讀博士學位，這使我們雙方的瞭解更加深入。他爲人誠懇，樂於助人，踏實認眞，勇於探索。尤其在歷史研究中，孜孜不倦，做出了不小的成績。而這本書的出版，正是他多年辛勤耕耘的成果。我表示衷心的祝賀，並希望他百尺竿頭更進一步，取得更大的成就。

是爲序。

林延清

2013 年 9 月於南開園

目次

上冊

下　冊

緒　論

一、論文選題情況介紹

（一）研究現狀綜述

本課題研究現狀可以概括爲兩方面：

1. 學術研究成果

迄今爲止將直隸地區（含北京、天津和河北省）作爲一個整體行政區劃，進行方志領域學術研究取得的成果，可以分爲論文和論著兩個部分：

（1）論文部分

一部分論文集中在 1981 年由中國地方史志協會、吉林省圖書館學會刊印的《中國地方志分論》一書中，該書基本上是以省區或直轄市爲範圍，介紹一地各類志書編修情況。其中有陳培榮著《京、津、河北方志考存》、魏東波著《天津地方志考》兩篇。其中前者簡單介紹京、津、冀歷史沿革，並初步統計三地的現存歷代方志數量分別是北京地區 50 餘種，天津地區 20 餘種，河北省地區 570 餘種，三地合計 650 種左右。文中概述了這些方志的類型，並基本上以現存各地首部方志的纂修時間爲綱，依次重點介紹京、津、冀的部分方志，內容包括方志的纂修者、體例設置和版本等情況。後者則對自明代正德年間纂修的《天津三衛志》起，至民國年間天津本地的修志源流，以及主要志書的體例設置、內容和版本流傳等情況，一一作了相關的介紹。

同時近年來在研究清代方志的專題論文中，也有一些零星涉及到清代直隸方志的內容，如邸富生《試論清代方志的編修》（《遼寧師範大學學報（社科版）》1986 年第 4 期），史梅《繆荃孫與地方志》（《南京大學學報》（哲學·

人文・社會科學）1998 年第 3 期），徐桂蘭《清代方志大家——楊篤》（《滄桑》2001 年第 2 期），宋雲龍、王振雲、陳少川《繆荃孫與中國近代方志學》（《圖書館雜誌》2002 第 12 期），巴兆祥《論〈大清一統志〉的編修對清代地方志的影響》（《寧夏社會科學》2004 年第 3 期）等文章。這些學者分別對清代直隸方志編修的體例、類型、史料價值和方志名家等有關內容，進行了一定的論述和評介，這些都有助於進一步推動學術界對清代直隸方志的研究。但這些論文中存在的問題也很突出，主要是他們對於清代直隸方志的研究，還僅僅是與其它地區有關方志結合在一起，進行整體性的論述，並未將清代直隸方志單獨分列進行專題研究，因此對有關問題的探討深度都顯得不足。

另外還有不少論文主要利用方志中有豐富的史料，進行相關領域的學術研究。如吳仁安《清代江南社會生活與風俗民情淺說——從清代方志筆記中反映的江南社會風貌一斑》（《淮北煤炭師範學院學報》（社科版）1988 年第 1 期），鄭祖鯤《中國古代方志及其文化價值》（《吉林大學學報》（社科版）1993 年第 5 期），李輔斌《清代直隸地區的水患和治理》（《中國農史》1994 年第 4 期），劉瑞芳、郭文明《從地方志看清代直隸的慈善事業》（《社會學研究》1998 年第 5 期），鄭清坡、鄭京輝《清代直隸義倉述論》（《歷史教學》2007 年第 11 期，薛剛《從人口、耕地、糧食生產看清代直隸民生狀況——以直隸中部地區爲例》（《中國農史》2008 年第 1 期），谷志科、趙彩芬、鞠淑範《邢臺古方志乾隆版〈順德府志〉文學史料初探》（《邢臺學院學報》第 23 卷第 3 期，2008 年 9 月），鄭京輝《從地方志中透析近代河北民俗》（《齊齊哈爾師範高等專科學校學報》2008 年第 4 期），張建《從方志看清代直隸地區旗人社會之演進——以順天、保定二府爲中心》（《河北學刊》2009 年第 4 期），郝紅暖《清代直隸養濟院孤貧救助標準的調整——以地方志爲中心的考察》（《中國地方志》2009 年第 4 期），張慧芝《傳統集鎮的近代轉型——基於清代直隸省束鹿縣的考察》（《太原師範學院學報》（社會科學版）2009 年第 6 期），吳宏岐、郝紅暖《清代直隸的留養局及其運作機制》（《暨南史學》第 6 輯，2009 年 12 月 31 日刊），譚烈飛《地方志在北京文化傳承中的特點和作用》（《北京聯合大學學報》（人文社會科學版）2010 年第 1 期），張玉、童廣俊《清代直隸農村地價變動因素探析》（《滄州師範專科學校學報》2010 年第 3 期），郝紅暖《明末至民國前期天津慈善組織的演變與特點》（《安徽史學》2011 年第 6 期），高福美《清代直隸地區的營田水利與水稻種植》（《石家莊學院學報》2012 年第 1

期），張勃《地方志與北京歷史民俗研究》（《民俗研究》2012 年第 4 期），沈愛霞《〈河北地方志提要〉訛誤偶拾》（《中國地方志》2012 年第 4 期）等等。這些學者充分運用清代直隸方志中豐富的史料，並結合其它文獻中的內容，對清代直隸區域內的政治史、社會史、經濟史、水利史、農業史、民俗文化史等問題，進行了認眞的探討。這些對於人們瞭解清代直隸方志的內容及其史料價值，具有一定的參考作用，但畢竟只是單獨從某一角度或領域，而非整體地把握和認識清代直隸方志的全局，因此對有關問題認識的廣度仍然有待進一步擴充。

（2）論著部分

自民國時期開始，在方志界許多有關名家的論著中，就有一些涉及到清代直隸方志的內容。如民國方志名家瞿宣穎《方志考稿（甲集）》第一編中，就對明清時期清代直隸的數十種地方志，分別一一作了簡潔的考論，它是我國近代第一部有關地方志提要目錄類的著述。其自序稱「大抵每書必首嚴名稱，次述其纂修之年月與纂修者之姓名，次述其舊志之沿革，次述其類目，次辨其體例，最後評其得失，尤注意於其所苞之特殊史料，」〔註 1〕因此具有很高的史料價值，在方志學界享有盛譽。如著名方志名家任鳳苞曾經稱此書「抑自有方志以來未有之盛舉矣，」可謂方志「書目中之上乘，」亦可「爲今後治方志學者之津梁。」〔註 2〕另一位民國間的方志名家余紹宋也評價此書「體例既佳，考論亦當。」〔註 3〕

另一位民國方志名家張國淦則撰寫《中國古方志考》一書，對秦漢至元代間的歷代方志，不論存佚，一概收錄。首列總志，次分省排列，每省前爲通志類，後爲府州縣志類。總計共著錄地方志書 2271 種，其中包括河北志書 49 種。其主要內容就是述中國古代方志發展淵源，考方志存佚，述作者簡歷，明其版本，錄其序跋、篇目，附著案語，間抒己見。這是有史以來規模最大的方志考錄性著述，在我國方志學界影響很大，該書已經於 1962 年由中華書局出版。

〔註 1〕瞿宣穎撰：《方志考稿（甲集）》卷首「自序，」北平：京津印刷局，民國十九年（1930）排印本。

〔註 2〕瞿宣穎撰：《方志考稿（甲集）》卷首任鳳苞「序，」北平：京津印刷局，民國十九年（1930）排印本。

〔註 3〕瞿宣穎撰：《方志考稿（甲集）》卷首余紹宋「序，」北平：京津印刷局，民國十九年（1930）排印本。

傅振倫也是我國歷史上方志編纂和方志學研究最有成就的名家之一。他所編著的《中國方志學通論》一書，歷年來一直是教授方志學的基本教材。書中對包括清代直隸在內的，我國歷代方志的起源、流派、收藏、整理與撰述，都進行了一定的考證和闡述。對其種類、種數、區域分佈、時代分佈情況，運用統計學的研究方法，製作圖表加以說明，並就方志的學術地位與史料價值，進行了具體的分析與探討。此書是一部具有開創性的方志學綜合性著作，具有很高的學術價值，在我國方志學史上佔有重要的地位。該書已經於民國二十四年（1935）十二月，由上海商務印書館出版。

從上個世紀八十年代開始，隨着全國範圍內新方志編修工作的陸續開展，爲培養修志人才，一些學者開始著述撰文，介紹中國方志的淵源、體例、體裁、流派、性質、內容、方志理論和價值功用等，並且出版了一批有關方志研究的教材和著述。

如 1985 年由吉林省地方志編纂委員會、吉林省圖書館學會編輯的《中國地方志詳論叢書》，其中涉及直隸地區方面的有馮秉文著《北京方志概述》、魏東波著《天津地方志考略》、于鴻儒著《河北省方志概要》。其中馮秉文《北京方志概述》詳細地介紹了北京的建置沿革、修志史略，指出自明代開始，今北京地區陸續編纂一些府志、州志、縣志和專志，清代作爲北京修志史上的鼎盛時期，順天府及所屬各州縣普遍都編纂了志書，有的州縣如通州、房山，還多次編纂了志書。該書選擇性地介紹了明清兩朝北京的各府，及所屬州縣的概況、建置沿革、修志始末和志書的整體狀況，其中涵蓋各種志書的編修者身份、體例設置、主要內容、版本流傳等方面。魏東波《天津地方志考略》、于鴻儒《河北省方志概要》，則分別記述現今天津和河北省地區的有關修志情況，書中所涉及的內容和《北京方志概述》大體相似。

近年來方志學界還有陸續刊出其它一些論著，如劉光祿《中國方志學概要》（中國展望出版社，1983 年 6 月第 1 版）、來新夏《方志學概論》（福建人民出版社，1983 年 8 月第 1 版）、薛虹《中國方志學概論》（黑龍江人民出版社，1984 年 4 月第 1 版）、傅振倫《中國史志論叢》（浙江人民出版社，1986 年版），史念海、曹爾琴《方志芻議》（浙江人民出版社，1986 年 3 月第 1 版），王曉岩《歷代名人論方志》（遼寧大學出版社，1986 年 12 月第 1 版）、黃秀芳等編《北京天津地方志人物傳記索引》（北京大學出版社，1987 年 7 月第 1 版）、林衍經《方志學綜論》（華東師範大學出版社，1988 年 1 月第 1 版）、朱士嘉

《中國舊志名家論選》（北京燕山出版社，1988 年 6 月第 1 版）、董一博《中國地方志大辭典》（浙江人民出版社，1988 年 7 月第 1 版）、來新夏《中國地方志綜覽》（黃山書社，1988 年 10 月第 1 版），胡惠秋、劉光祿《方志學引論》（北京燕山出版社，1989 年 2 月第 1 版）、邸富生《中國方志學史》（大連海運學院出版社，1990 年 4 月第 1 版）、彭靜中《中國方志簡史》（四川大學出版社，1990 年 8 月第 1 版）、倉修良《方志學通論》（齊魯書社，1990 年 11 月第 1 版）及其修訂本（方志出版社，2003 年 10 月第 1 版）、劉緯毅《中國地方志》（新華出版社，1991 年 12 月第 1 版）、張革非（主編）《中國方志學綱要》（西南師範大學出版社，1992 年 10 月第 1 版）、黃葦等《方志學》（復旦大學出版社，1993 年 6 月第 1 版）、呂志毅《方志學史》（河北大學出版社，1993 年 10 月第 1 版）、梁耀武《方志學舉要》（雲南人民出版社，1995 年 11 月第 1 版）、張松斌《方志學探微》（海潮出版社，1997 年 2 月第 1 版）、梅森《方志學簡論》（黃山書社，1997 年 11 月第 1 版）、陳光貽《中國方志學史》（福建人民出版社，1998 年 9 月第 1 版）、周迅《中國的地方志》（商務印書館，1998 年 11 月第 1 版）、韓章訓《普通方志學》（方志出版社，1999 年 9 月第 1 版）、楊軍昌《中國方志學概論》（貴州人民出版社，1999 年 11 月第 1 版）、于希賢《簡明中國方志學大綱》（臺灣文史哲出版社，2000 年出版）、許衛平《中國近代方志學》（江蘇古籍出版社，2002 年 4 月第 1 版）、巴兆祥《方志學新論》（學林出版社，2004 年 6 月第 1 版），曹子西、朱明德主編《中國現代方志學》（方志出版社，2005 年 7 月第 1 版），黃道立《中國方志學》（巴蜀書社，2005 年 10 月第 1 版）、林衍經《方志學綜論》（華東師範大學出版社，2008 年 10 月第 2 版）、王德恒《中國方志學》（大象出版社，2009 年 9 月第 2 版）等等。這些論著中對清代直隸方志學術研究領域中的有關問題都有所涉及，包括纂修者的姓名、卷數、種類，以及體例設置、內容、編纂理論和史料價值等方面，都給與一定的介紹。同時探討了《大清一統志》對直隸方志編修的發展、演變進程的影響，認爲三修大清一統志，直接帶動了清代全國各地的方志纂修活動走向高潮，並且在體例設置、編纂手法及風格方面，對全國各地的方志編修產生了直接而廣泛的影響。有的學者還對清末興起的鄉土志屬性、編纂原委、體例、創新與貢獻，一一進行了剖析。此外針對中國古代方志學和近代方志學分期標準問題，有的學者從志書編修的指導思想、內容、編修方法、方志學領域研究的深化和拓寬等方面，都提出了自己的精關見解。還有學者還對清代直隸各地方志編修狀況，進行了相關的統計、探討和分析。這些研究和探討取得的成果，有助於推動學術界對清代直隸方志整體狀況的研究，進一步深化對方志史料價值的認識和瞭解。

但是這些學術成果仍然普遍存在許多薄弱之處。主要表現在它們仍然是將直隸歷代編修志書狀況作爲整體進行考察，清代直隸方志僅僅作爲其中的一部分內容，而不是作爲一個獨立的領域，或者研究方向的一個分支來作探討，因此對於清代直隸方志的研究難免是相對膚淺的，涉獵的領域也顯得太過寬泛。對於清代直隸方志的史料價值、創新之處等重要問題，還需要進一步加強探討。由於這些論著的着眼點大多集中在清代直隸方志知識的普及上，因而學術研究的深度和廣度更體現出自身的不足。

2. 方志文獻整理

對於方志文獻的整理，歷來是我國方志學界的一項重要工作。自二十世紀八十年代開始，學術界對於清代直隸方志文獻整理更爲重視，這項工作取得了一定的階段性成果。如陳光貽著：《稀見地方志提要》（齊魯書社，1987年8月第1版），河北大學地方史研究室編：《河北歷代地方志總目提要》（河北人民出版社，1989年5月第1版），以及來新夏主編：《河北地方志提要》天津大學出版社，1992年12月第1版）等等。這些書目提要類文獻中介紹了一部分清代直隸方志的情況，並作了相關提要。但由於這些文獻由於出版時間比較久遠，難以反映最新的學術動態和成果。加之所收錄清代直隸方志的數量難言詳盡，甚至僅僅反映其中的一小部分，因此不具廣泛的代表性。另外對有關方志的編修者姓名、卷數、版本存佚等信息的著錄，也都不同程度存在着問題和錯誤，因此無論是完整性，還是準確性都需要進一步的提高。甚至是《中國地方志聯合目錄》和《中國地方志總目提要》等如此權威性書目提要類文獻中，也都存在着許多著錄的種類和數量不全、版本遺漏、纂修者張冠李戴等現象。

（二）本書選題依據、主要內容及創新、研究意義

1. 本書選題依據

直隸地區在明代曾經被稱爲「北直隸」，清順治初年則改稱「直隸」，它在有清一代二百餘年的歷史發展過程中，始終都佔有特殊的地位。因爲清代不同於明代，它是一個興起於中國北方，進而由此統一全中國的封建王朝。直隸地區一直成爲其統治的中心地帶，這種重要性既體現在政治上，還體現

在經濟、文化、軍事等多方面。而地方志號稱「一方之百科全書」，所記載的內容涵蓋政治、經濟、文化、軍事和社會等多個領域，範圍廣泛，種類繁多，內容豐富，對於清代直隸地區歷史的研究，具有十分重要的參考價值。雖然此前學術界已經對清代直隸地區多個領域的歷史有所涉獵，但對於從地方志的角度，認識和瞭解清代直隸地區有關的歷史狀況，仍然顯得十分薄弱，因此當今很有必要從清代直隸方志的整體狀況入手，努力去彌補這一學術研究領域的空白之處。

鑒於以往學術界研究直隸方志，只是從個別角度和淺層次進行探討，缺乏多角度、深層次的綜合性研究。因此本書在選題時，着眼點在於充分利用現存的清代直隸地方志文獻資源，同時結合明清時期正史、文集、檔案等各類文獻中的相關內容，對清代直隸方志進行綜合性的研究。

直隸地區在有清一代屬於政治、經濟和文化發達的地區，因此這一區域的地方志編修工作始終比較繁榮，並且產生了大量的優秀作品，數量居全國前列，成爲代表清代地方志編修最高水平的區域之一。如何使用這些豐富的文獻資源，對這一區域方志的編修源流、編纂組織與經費保障、體例與類型、方志理論、方志內容、續修與增修、史料價值、創新與發展、興盛原因和歷史地位諸方面，進行深入的研究和探討，是關係到如何正確認識整個清代地方志編纂水平，填補有關學術研究領域中空白之處的關鍵。

2. 本書的主要內容

本書緒論部分主要介紹清代直隸地區行政管轄區域的演變狀況，以及清代直隸的修志源流。第一章主要介紹清代直隸方志的編纂組織與經費保障情況。因爲清代直隸方志的編纂組織水平的高下，是考察清代直隸方志編修質量高低的重要因素之一，同時充裕的經費保障，又是有關修志活動得以順利推展的重要保證。第二章主要介紹清代直隸方志編修的體例和類型。清代直隸在明代北直隸方志編修的基礎上，更加注重方志的纂修體例結構，方志種類不斷豐富，方志整體編纂水平日益提高。第三章概述清代直隸方志中的主要內容，包括自然地理、地方經濟史，以及政治、文化、軍事、教育、社會生活、宗教等方面的重要資料。第四章主要介紹清代直隸方志續修和增修的整體狀況，第五章主要運用清代直隸方志中的有關文獻，並且結合正史的相關內容，進行比較研究，探討方志的史料價值。第六章闡述清代直隸方志編修中的創新和發展，主要從修志觀念、志書體例和內容等方面介紹晚清直隸方志編纂的創新之處。第七章主要介紹清代直隸方志興盛的原因，以及對後世方志編修產生的影響。

3. 本書的創新點

本書的創新之處在於填補以往學術界對於清代直隸方志綜合研究的空白，其創新點主要集中在：

（1）在充分運用大量清代地方志文獻資料的基礎上，結合明清時期部分正史、文集、筆記等的相關內容，對清代直隸方志的史料價值進行深入的分析，認爲清代直隸方志的史料價值，主要體現爲「詳正史之略，補正史之缺，糾正史之誤，」並圍繞這一觀點，進行認眞的探討。

（2）清代是中國方志編修及方志學發展過程中的一個重要階段，因此清代直隸方志也體現出自身這方面的特色。晚清時期伴隨着中國社會的逐步轉型，西方進化論觀念不斷深入人心，並且更加注重經濟，發展實業。這種社會的現實環境，促使許多直隸方志編修者更加關注發揮志書本身所具備的教化功能，注重結合當時的社會現實，在「詳今略古」修志傳統的基礎上，修志理念開始向「中體西用」、「變法維新」、「振興實業」的思想方向轉變，目的在於繼續維護清王朝封建統治，喚起全社會的憂患意識，改革積弊，救國救民，救亡圖存。這些觀點已經突破和超越了以往舊志編纂中僅僅側重於資政輔治，訓化臣民和供史籍取材等要旨的藩籬，不僅是方志基本功能的一次昇華，而且是中國方志學發展過程中由古代向近代轉型的一個重要標誌。

（3）晚清直隸方志在體例和內容上，較之以往開始展示出許多創新和發展的迹象。體現在志書的編修上，既補充了不少新的內容，又設置了許多新的門類。根據晚清時期國內外的社會環境，與時俱進地增加了和許多當時經濟、政治、軍事、文化、社會生活等各方面有關的內容，如政治上第二次鴉片戰爭中清政府與西方列強簽定的不平等條約的過程及主要內容，西方列強在天津強行設立「租界」的情況，以及十九世紀末，二十世紀初清政府施行「新政」過程中，涉及「警政」等司法領域的內容。經濟上有關鐵路運輸、郵政、電報、採礦等內容，教育上清末各類新式學堂的設立等內容，都開始見諸於直隸方志中。與此相對應的是，與這些新內容相匹配的「經政」、「鐵路」、「礦山」、「兵事」、「兵防」、「學校」、「學堂」等，逐步成爲方志編修中設立的新門目。這些內容和體例在舊志編修中都是不曾出現過的，本書對此也都能夠給與充分的重視，進行深入的分析和探討。

（4）目前學術界有關清代直隸方志整理的著述較多，每種著述收錄的清代直隸方志的數量多寡、內容詳略程度各不相同。其中以中國科學院北京天文臺主編，中華書局 1985 年 1 月出版的《中國地方志聯合目錄》，河北大學地方志研究室編著，河北人民出版社 1989 年 5 月出版的《河北歷代地方志總目》，以及由金恩輝、胡述兆主編，臺北漢美圖書有限公司 1995 年 12 月出版的《中國地方志總目提要》爲主要代表，具有一定的權威性。據《河北歷代地方志總目》統計，清代直隸地區現存志書達 477 種，另外還有佚書 48 種。《中國地方志聯合目錄》統計直隸地區現存的各類清代方志爲 430 種。《中國地方志總目提要》統計直隸地區現存的各類清代方志爲 440 種。這些重要的方志書目提要類文獻中，關於清代直隸方志的數量、卷數、編修者、編修刊刻時間以及版本，都存在許多缺漏和舛誤之處。筆者在繼承學術界既有成果的基礎上，經過多年認眞的梳理，並參考其它有關文獻的記載，對現存的清代直隸方志種類、纂修者、卷數、版本、存佚情況，做一次比較全面的整理和考證。經過本人認眞的考辨，並結合有關文獻的記載，大體確定現存清代直隸各類地方志文獻應爲 519 種，另外還有佚書 75 種，數量均高於學術界以往有關文獻中的記載。

二、概念界定及其研究方法

（一）本書中需要界定的兩個時空概念

首先「清代」一詞在本書中是指從清順治元年（1644）清王朝統一全國開始，至清宣統三年（1911）清王朝作爲統一的全國性政權滅亡爲止，這一前後長達二百六十七年的特定歷史時期。

其次鑒於「直隸」所包含的行政管轄範圍，在整個清代歷經不斷的沿革變化，轄區範圍多次發生改變。其在本書中主要是指現今北京、天津及河北省的轄區範圍，這與清末的直隸省行政管轄範圍（當時包括整個京、津、冀地區，和蒙、遼、魯、豫各一部）還是具有一定區別的。

（二）研究方法

本書在史料搜集和撰寫過程中，以唯物史觀爲指導，堅持實事求是的基本原則，通過對有關史料進行搜集、整理、分析、歸納，並利用對比、計量等手段，再結合表格的方式，嘗試呈現清代直隸地方志編修的原貌。

三、清代直隸行政轄區的演變

（一）清代直隸地區行政管轄區域的變化

地方政區沿革歷來是各地方志所必須反映的客觀主體之一，因此敘述清代直隸轄域的沿革情況，對於系統瞭解和探討這一地區方志編修的演變和發展情況是十分必要的。

清初沿襲明制，稱北直隸，順治二年（1645）改北直隸爲直隸。〔註4〕清初直隸地區包含八府：順天、永平、大名、順德、廣平、河間、保定、眞定；兩個直隸州：延慶和保安；一個鎮：宣府。〔註5〕下設總督、巡撫，分管府、州、縣事務。康熙八年（1669）於保定府設守、巡二道，全省錢糧、刑名始統於二道。〔註6〕是年直隸巡撫從眞定府遷徙駐於保定府，直隸始稱省，保定府始定爲直隸省省會。

清初直隸的行政區劃包括八個府，八個州：

1. 順天府：清初襲明制，稱順天府，定爲京師。領州五：通州、昌平、涿州、霸州、薊州。縣二十二：大興、宛平、良鄉、固安、永清、東安、香河、三河、武清、寶坻、漷、順義、密雲、懷柔、房山、文安、大城、保定、玉田、平谷、遵化、豐潤。
2. 保定府：清初襲明制，稱保定府。領州三：祁州、安州、易州。縣十七：清苑、滿城、安肅、定興、新城、唐、博野、慶都（清乾隆十一年（1746）改稱望都）、容城、完縣、蠡縣、雄縣、深澤、束鹿、高陽、新安、淶水。
3. 永平府：清初襲明制，稱永平府。領州一：灤州。縣五：盧龍、遷安、撫寧、昌黎、樂亭。
4. 河間府：清初襲明制，稱河間府。領州二：景州、滄州。縣十六：河間、獻縣、阜城、肅寧、任丘、交河、青縣、興濟、靜海、寧津、吳橋、東光、故城、南皮、鹽山、慶雲。
5. 眞定府：雍正元年（1723）改爲正定府：清初襲明制，稱眞定府。領州五：晉州、冀州、趙州、深州、定州。領縣二十七：眞定、井陘、獲鹿、元氏、靈壽、藁城、欒城、無極、平山、阜平、

〔註4〕《清世祖實錄》卷18。

〔註5〕《康熙會典》卷18，《清朝文獻通考》卷269。

〔註6〕《清聖祖實錄》卷30。

新樂、曲陽、行唐、南宮、新河、棗強、武邑、安平、饒陽、武強、柏鄉、隆平、高邑、臨城、贊皇、寧晉、衡水。

6. 廣平府：清初襲明制，稱廣平府。領縣九：永年、曲周、肥鄉、廣平、雞澤、成安、威縣、邯鄲、清河。

7. 順德府：清初襲明制，稱順德府。領縣九：邢臺、沙河、南和、任縣、內丘、唐山、平鄉、鉅鹿、廣宗。

8. 大名府：清初襲明制，稱大名府。領州一：開州。縣十：元城、大名、南樂、魏縣、清豐、內黃、濬縣、滑縣、東明、長垣。

9. 延慶州：清初襲明制，稱延慶直隸州，領縣一：永寧。〔註 7〕

10. 保安州：清初襲明制，無屬領。〔註 8〕

11. 晉州：清初襲明制，屬眞定府（雍正元年（1723）改正定府）。〔註 9〕

12. 趙州：清初襲明制，稱趙州，屬眞定府（雍正元年（1723）改正定府）。

13. 深州：清初襲明制，稱趙州，屬眞定府（雍正元年（1723）改正定府）。

14. 定州：清初襲明制，稱定州，屬眞定府（雍正元年（1723）改正定府）。〔註 10〕

15. 滄州：清初襲明制，屬河間府。

16. 易州：清初襲明制，屬保定府。〔註 11〕

〔註 7〕《康熙會典》卷 18。

〔註 8〕（清）顧祖禹撰，賀次君、施和金點校：《讀史方域紀要》卷 17，見《中國古代地理總志叢刊》，北京：中華書局 2005 年 3 月第 1 版。

〔註 9〕《康熙會典》卷 18。

〔註 10〕唐執玉、李衛修，陳儀、田易纂：（雍正）《畿輔通志》卷 14，清雍正十三年（1735）刻本。

〔註 11〕《康熙會典》卷 18。

表 1-1　直隸轄域變更情況統計表

府州名稱	歷史紀年	公元紀年	轄區變更	轄州縣數	史料來源
順天府	順治十六年八月己丑	1659	裁漷縣入通州。	領州五，縣二十一	《清世祖實錄》卷 127
	康熙十五年十一月丁酉	1676	升遵化縣爲州	領州六，縣二十	《清聖祖實錄》卷 64
	康熙二十七年	1688	設四路廳，分轄所屬各州縣	西路廳轄州一：涿；縣四：大興，宛平，房山，良鄉。 東路廳轄州三：通，薊，遵化；縣六：三河，寶坻，武清，香河，玉田，豐潤。南路廳轄州一：霸。縣六：固安，永清，東安，文安，大城，保定。 北路廳轄州一：昌平。縣四：順義，密雲，懷柔，平谷。	（光緒）《順天府志》卷 35）
	雍正三年九月甲子	1725	武清縣往屬天津州	領州六，縣十九	《清世宗實錄》卷 36
	雍正四年八月	1726	武清縣還屬。玉田、豐潤二縣往屬永平府	領州六，縣十八	（光緒）《順天府志》卷 35
	雍正九年二月丙辰	1731	裁梁城所，置寧河縣來屬*	領州六，縣十九	《清世宗實錄》卷 103
	乾隆八年	1743	遵化州升爲直隸州，析永平府屬之玉田、豐潤二縣來屬	領州五，縣十九	《清高宗實錄》196
保定府	雍正十一年十一月癸卯	1733	易州升爲直隸州，淶水縣往屬	領州二，縣十六	《清世宗實錄》卷 137
	雍正十二年三月甲辰	1734	深澤縣往屬定州直隸州	領州二，縣十五	《清世宗實錄》卷 141

	乾隆十一年十月庚午	1746	改慶都縣爲望都縣	領州二，縣十五。	《清高宗實錄》卷 276
	道光十二年	1832	裁新安縣入安州	領州二，縣十四	《清宣宗實錄》卷 212
永平府	雍王四年	1726	析順天府東路廳之玉田、豐潤二縣來屬	領州一，縣七	（光緒）《順天府志》卷 35
	乾隆二年三月初七日	1737	山海衛改設臨榆縣，隸府屬	領州一，縣八	檔・《乾隆二年二月初七日朱批李衛題奏》
	乾隆八年七月癸未	1743	玉田、豐潤二縣往屬遵化直隸州	領州一，縣六	《清高宗實錄》卷 196
河間府	順治十六年七月戊子	1659	裁興濟入青縣	領州二，縣十五	《清世祖實錄》卷 127
	雍正三年三月乙巳	1725	裁天津衛，改置天津州來屬	領州三，縣十五	《清世宗實錄》卷 30
	雍正三年九月甲子	1725	昇天津州爲直隸州，析青、靜海二縣往屬天津直隸州	領州二，縣十三	《清世宗實錄》卷 36
	雍正七年閏七月辛卯	1729	滄州升爲直隸州，析東光、南皮、鹽山、慶雲四縣往屬	領州一，縣九	《清世宗實錄》卷 84
	雍正九年二月丙辰	1731	析滄州直隸州屬東光縣還屬於府	領州一　縣十	《清世宗實錄》卷 103
眞定府，正定府	順治十六年四月甲辰	1659	裁阜平縣入行唐縣、曲陽縣	領州五　縣二十六	《清世祖實錄》卷 125
	康熙二十二年三月庚申	1683	復設阜平縣	領州五　縣二十七	《清聖祖實錄》卷 108
	雍正元年	1723	眞定府改名正定府，眞定縣改名正定縣		托津等奉敕纂：（嘉慶）《欽定大清會典事例》卷 128，臺北：文海出版社有限公司，1992 年 6 月影印

	雍正二年六月丙申	1724	晉州升爲直隸州，無極、藁城二縣往屬；冀州升爲直隸州，南宮、新河、棗強、武邑、衡水五縣往屬；趙州升爲直隸州，柏鄉、隆平、高邑、臨城、寧晉五縣往屬；深州升爲直隸州，武強、安平、饒陽三縣往屬；定州升爲直隸州，新樂、曲陽二縣往屬	領縣十	《清世宗實錄》卷 21
	雍正十二年三月甲辰	1734	新樂縣還府屬；降晉州直隸州爲州，及所屬無極、藁城二縣還府屬	領州一，縣十三	《清世宗實錄》卷 141
廣平府	雍正四年	1726	析河南省彰德府之磁州來屬	領州一，縣九	《清世宗實錄》卷 43
大名府	雍正三年六月丙戌	1725	內黃縣往屬河南省之彰德府，濬、滑二縣往屬河南省之衛輝府	領州一，縣七	《清世宗實錄》卷 33
	乾隆二十三年六月甲戌	1758	裁魏縣入大名、元城二縣	領州一，縣六	《清高宗實錄》卷 565
宣化府	康熙三十二年二月癸未	1693	延慶、保安二直隸州降爲州，來屬。宣化前衛改設宣化縣，開平衛改爲赤城縣，萬全左、右衛改爲萬全縣，龍門衛改爲龍門縣，懷來衛改爲懷來縣，蔚州衛改爲蔚縣，永寧衛改爲西寧縣，懷安衛改爲懷安縣，隸州屬。	領州二，縣八	《清聖祖實錄》卷 158

	雍正六年四月丙午	1728	析山西大同府之蔚州來屬	領州三，縣八	《清世宗實錄》卷 68
	乾隆二十二年三月乙亥	1757	裁蔚縣入蔚州	領州三，縣七	《清高宗實錄》卷 534
	光緒三十一年	1905	析承德府之圍場廳來屬	領州三，廳一，縣七	檔·《光緒三十一年十二月二十七日朱批袁世凱奏摺》
	宣統三年閏六月初五日	1911	圍場廳還屬承德府	領州三，縣七	檔·《宣統三年閏六月初五日朱批溥　奏摺》
熱河廳，承德州，承德府	雍正元年十月乙卯	1723	設熱河直隸廳	無屬領	《清世宗實錄》卷 12
	雍正十一年	1733	改設承德直隸州	無屬領	（乾隆）《熱河志》卷 55
	乾隆七年	1742	罷承德直隸州，仍置熱河直隸廳		檔·《乾隆七年二月初五日朱批張廷玉題奏》
	乾隆四十三年	1778	罷熱河直隸廳，設承德府。八溝直隸廳改置平泉州，喀喇河屯直隸廳改置灤平縣，四旗直隸廳改置豐寧縣，烏蘭哈達直隸廳改置赤峰縣，塔子溝直隸廳改置建昌縣，三座塔直隸廳改置朝陽縣，屬之	領州一，縣五	《清高宗實錄》卷 1050
	光緒二年	1876	置圍場廳來屬	領州一，廳一，縣五	《清德宗實錄》卷 52
	光緒二十九年	1903	升朝陽縣爲朝陽府，析建昌縣往屬	領州一，廳一，縣三	《清德宗實錄》卷 514

	光緒三十一年	1905	析圍場廳往屬宣化府	領州一，縣三	檔・《光緒三十一年十二月二十七日朱批袁世凱奏摺》
	光緒三十四年	1908	升赤峰縣爲赤峰直隸州	領州一，縣二	檔・《光緒三十四年二月十五日朱批會議政務處奏摺
	宣統元年	1909	置隆化縣來屬	領州一，縣三	《禹貢》第 2 卷第 10 期，趙泉澄：《清代地理沿革表》，1935 年 1 月 16 日出版
	宣化三年	1911	析宣化府之圍場廳來屬	領州一，廳一，縣三	檔・《宣統三年閏六月初五日朱批溥 奏摺》
天津衛，天津州，天津府			清初襲明制，稱天津、天津左衛、天津右衛		顧祖禹：《讀史方輿紀要》卷 13　直隸 4
	順治九年六月丁未	1652	裁天津左、右二衛入天津衛		《清世祖實錄》卷 65
	雍正三年	1725	天津衛改置天津州，同年升爲直隸州。析河間府之青、靜海二縣來屬	領縣二	《清世宗實錄》卷 30、卷 36
	雍正九年	1731	昇天津直隸州爲天津府。另設天津縣，降滄州直隸州爲散州，及所屬南皮縣、鹽山縣、慶雲縣來屬	領州一，縣六	《清世宗實錄》卷 103

朝陽府	光緒二十九年四月甲午	1903	升承德府之朝陽縣爲朝陽府，析承德府之建昌縣來屬，另置阜新縣、建平縣一併來屬。	領縣三	《清德宗實錄》卷 514
	光緒三十四年二月十五日	1908	增置綏東縣來屬	領縣四	檔案・《光緒三十四年二月十五日朱批會議政務處奏摺》
延慶州	順治十六年七月戊子	1659	裁永寧縣入州	無屬領	《清世祖實錄》卷 127
保安州	康熙三十二年二月癸未	1693	降爲散州，往屬宣化府	無屬領	《清聖祖實錄》卷 158
晉州	雍正二年	1724	升爲直隸州，析正定府之無極、藁城二縣來屬	領縣二	《清世宗實錄》卷 21
	雍正十二年	1734	降爲散州，並無極、藁城二縣還屬正定府	無領屬	《清世宗實錄》卷 141
冀州	雍正二年六月丙申	1724	升爲直隸州，析正定府之南宮、新河、棗強、武邑、衡水五縣來屬	領縣五	《清世宗實錄》卷 21
趙州	雍正二年六月丙申	1724	升爲直隸州，析正定府之柏鄉、隆平、高邑、臨城、寧晉五縣來屬	領縣五	《清世宗實錄》卷 21
深州	雍正二年六月丙申	1724	升爲直隸州，析正定府之武強、饒陽、安平三縣來屬	領縣三	《清世宗實錄》卷 21
定州	雍正二年六月丙申	1724	升爲直隸州，析正定府之新樂、曲陽二縣來屬	領縣二	《清世宗實錄》卷 21
	雍正十二年三月甲辰	1734	新樂縣還屬正定府，又析保定府之深澤縣來屬	領縣二	《清世宗實錄》卷 141

滄州	雍正七年閏七月辛卯	1729	升爲直隸州，析河間府之鹽山、南皮、慶雲、東光四縣來屬	領縣四	《清世宗實錄》卷 84
	雍正九年二月丙辰	1731	降滄州直隸州爲散州，及所屬鹽山、南皮、慶雲三縣往屬天津府，東光縣還屬河間府	無屬領	《清世宗實錄》卷 103
易州	雍正十一年十一月癸卯	1733	升爲直隸州，析保定府之淶水縣來屬，又析山西省大同府之廣昌縣來屬	領縣二	《清世宗實錄》137
遵化州	康熙十五年	1676	升順天府之遵化縣爲州，屬順天府	無屬領	雍正《畿輔通志》卷十三「建置」
	乾隆八年七月癸未	1743	升爲直隸州，析永平府之玉田、豐潤二縣來屬	領縣二	《清高宗實錄》卷 196
赤峰州	乾隆三十九年五月癸酉	1774	置烏蘭哈達直隸廳	無屬領	《清高宗實錄》卷 959
	乾隆四十三年二月甲午	1778	降爲赤峰縣，往屬承德府	無屬領	《清高宗實錄》卷 1050
	光緒三十四年	1908	升爲直隸州，另置開魯縣、林西縣，隸州屬	領縣二	檔案·《光緒三十四年二月十五日朱批會議政務處奏摺》
張家口廳	雍正二年	1724	設置	無屬領	（乾隆）《口北三廳志》卷 1
八溝廳	雍正七年十月丁巳	1729	設置	無屬領	《清世宗實錄》卷 87
	乾隆四十三年二月甲午	1778	降爲平泉州，往屬承德府	無屬領	《清高宗實錄》卷 1050

多倫諾爾廳	雍正十年	1732	設置	無屬領	（乾隆）《口北三廳志》卷 4
獨石口廳	雍正十二年九月初六日	1734	設置	無屬領	（乾隆）《口北三廳志》卷 4
四旗廳	乾隆元年三月二十九日	1736	設置	無屬領	檔・《乾隆元年三月二十九日朱批張廷玉題奏》
	乾隆四十三年二月甲午	1778	改爲豐寧縣，往屬承德府	無屬領	《清高宗實錄》卷 1050
塔子溝廳	乾隆五年三月己酉	1740	設置	無屬領	《清高宗實錄》卷 112
	乾隆四十三年二月甲午	1778	改爲建昌縣，往屬承德府	無屬領	《清高宗實錄》卷 1050
喀喇河屯廳	乾隆七年二月初五日	1742	設置	無屬領	《清高宗實錄》卷 112
	乾隆四十三年二月甲午	1778	改爲灤平縣，往屬承德府	無屬領	《清高宗實錄》卷 1050
烏蘭哈達廳	乾隆七年二月初五日	1742	設置	無屬領	《清高宗實錄》卷 112
	乾隆三十九年五月癸酉	1774	改爲赤峰縣，往屬承德府	無屬領	《清高宗實錄》卷 1050
三座塔廳	乾隆三十九年五月癸酉	1774	設置	無屬領	《清高宗實錄》卷 959
	乾隆四十三年二月甲午	1778	改爲朝陽縣，往屬承德府	無屬領	《清高宗實錄》卷 1050

注：這裡據《清世宗實錄》卷 103 雍正九年（1731）二月丙辰記載「裁寶坻縣梁城所，設寧河縣」；（光緒）《寧河縣志》卷二「職方志」之『沿革」記載「雍正九年以寶坻之梁城所爲寧河縣，」可以斷定設寧河縣當在雍正九年（1731）二月，而非（嘉慶）《欽定大清會典事例》所記載的「雍正元年（1723），設寧河縣。」

從 1-1 表中可以看出：清代直隸的行政沿革，從順治朝開始，歷康熙、雍正兩朝，至乾隆朝末年，伴隨着清王朝政治、經濟和各項社會事業的發展，國力日益增強，也在不斷沿革、發展之中，並逐步走向成熟。乾隆以後，自嘉慶朝始，歷道光、咸豐、同治、光緒四朝，至宣統朝，這一階段清代直隸行政區劃除少數有所調整外，整體變化相對較小，屬於清代直隸行政區劃的逐步定型時期。

至清末直隸省包括十二個府：順天、保定、正定、大名、廣平、順德、永平、河間、宣化、天津、承德和朝陽。7 個直隸州：冀、趙、深、定、易、遵化、赤峰。3 個直隸廳：張家口、獨石口、多倫諾爾。其中：

順天府領廳四：東、西、南、北。州五：通、昌平、涿、霸、薊。縣十九：大興、宛平、良鄉、固安、永清、東安、香河、三河、武清、寶坻、順義、密雲、懷柔、房山、文安、大城、保定、平谷、寧河。

保定府領州二：祁、安。縣十四：清苑、滿城、安肅、定興、新城、唐、博野、望都、容城、完、蠡、雄、束鹿、高陽。

永平府領州一：灤。縣六：盧龍、遷安、撫寧、昌黎、樂亭、臨榆。

河間府領州一：景。縣十：河間（附郭）、獻、阜城、肅寧、任丘、交河、寧津、吳橋、東光、故城。

正定府領州一：晉。縣十三：眞定、井陘、獲鹿、元氏、靈壽、藁城、欒城、無極、平山、阜平、新樂、行唐、贊皇。

廣平府領州一：磁。縣九：永年、曲周、肥鄉、廣平、雞澤、成安、威縣、邯鄲、清河。

順德府領縣九：邢臺、沙河、南和、任縣、內丘、唐山、平鄉、鉅鹿、廣宗。

大名府領州一：開。縣六：元城、大名、南樂、清豐、長垣、東明。

宣化府領州三：延慶、保安、蔚。縣七：宣化（附郭）、萬全、懷安、西寧、懷來、龍門、赤城。

承德府領州一：平泉。廳一：圍場。縣三：灤平、隆化、豐寧。

天津府領州一：滄。縣六：天津（附郭）、青、靜海、南皮、鹽山、慶雲。

朝陽府領縣四：建昌、阜新、建平、綏東。

冀州直隸州領縣五：南宮、新河、棗強、武邑、衡水。

趙州直隸州領縣五：柏鄉、隆平、高邑、臨城、寧晉。

深州直隸州領縣三：武強、饒陽、安平。

易州直隸州領縣二：淶水、廣昌。

定州直隸州領縣二：曲陽、深澤。

遵化直隸州領縣二：玉田、豐潤。

赤峰直隸州領縣二：開魯、林西。

另設張家口廳、多倫諾爾廳、獨石口廳。

四、清代直隸方志的編修源流

直隸各地修志活動源遠流長，並取得比較可觀的成果。由於清代直隸的主要轄區在今北京、天津和河北省境內，因此這裡分別以北京、天津以及河北省爲代表，介紹清代以前直隸各地方志的編修情況。

（一）北京地區清代以前方志的編修情況

據《中國地方志總目提要》介紹，北京市及所屬各區縣現存歷代所修志書七十二種，佚書四十五種。關於北京的地方志書起修的時間，（光緒）《順天府志・藝文志一》「紀錄順天事之書」部分中，記載了有關北京地區志書和地方文獻的情況。其中著錄隋《幽都記》三卷。《幽都記》注云：「隋、唐志不著錄撰人，卷數無考。《寰宇記》六十九『紫淵水』引《幽都記》云：『紫水其泥亦紫』。蜀先主宅引《幽都記》云：『劉備，郡人，幼時宅中有桑樹如車蓋』，云『我當乘此寶蓋』，後果王蜀。二條。」〔註 12〕由此可以看出該書既志地理又傳人物，從內容上可以界定爲該書已經初具北京方志的雛形了。另外（光緒）《順天府志・藝文志一》還著錄了熊夢祥的《析津志典》。該書在明代楊士奇《文淵閣書目》卷四來字號第一櫥書日「古今志」中即有著錄，當時實存三十四冊。〔註 13〕繆荃孫在《析津志典》條注云：「見盧文弨《補遼、金、元藝文志》地理類。自得字夢祥（**按：應作夢祥字自得**），豐城人，崇文監丞。《日下舊聞》張鵬序引熊自得《燕京志》，大約即此書也。」〔註 14〕另

〔註 12〕萬青藜、周家楣修，張之洞、繆荃孫：（光緒）《順天府志》卷 122「藝文志一，」清光緒十二年（1886）刻本。

〔註 13〕紀昀等纂：《四庫全書》第 675 冊「史部 433 目錄類，」上海：上海古籍出版社，1987 年 6 月第 1 版。

〔註 14〕萬青藜、周家楣修，張之洞、繆荃孫：（光緒）《順天府志》卷 122「藝文志一，」清光緒十二年（1886）刻本。

外方志名家張國淦對此書也有較具體的敘錄，並引了張鵬序，認爲《析津志》就是《析津志典》，又叫《燕京志》，並考證此書是在元至正元年（1351）以後撰寫的。〔註15〕該書在北京地方志編修史中具有十分重要的地位。

進入明朝，北京地區陸續編纂了一些州志、縣志和專志。第一部北京志書當推《洪武北平圖經》，《永樂大典》卷八千四百二十平字韻載之，撰人、卷數早已無考。據考證永樂朝有可能編修《順天府志》，但具體時間目前尚無定論，相關內容可以參見藝風堂《永樂大典》輯本《順天府志》八卷。該書爲繆荃孫於清光緒十二年（1886），自《永樂大典》四千六百五十卷「順天府七」至四千六百五十七「順天府十四」抄出八卷，原書共二十卷，雖係殘本，史料價值卻很高。〔註16〕以後直至明萬曆癸巳（萬曆二十一年，1593），才由順天府尹謝傑、沈應文、府丞譚希思，及大興縣丞張元芳等修纂《順天府志》六卷刊行。這應該是現存明代最完整的一部北京志書了，但查閱書中所記內容有明萬曆二十一年（1593）以後，歷萬曆、天啓、崇禎三朝，有晚至明崇禎九年（1636）者。可見該書刊成以後，仍陸續有增補。

洪武、永樂年間，順天府各州縣也曾經編纂了圖志和縣志，但這些志書的卷數、著者都已經無從查考。刊刻行世的志書，其中州志有：成化、嘉靖時期的《隆慶州志》，（萬曆）《延慶州志》、（嘉靖）《通州志略》、（隆慶）《昌平州志》等。縣志有：隆慶年間修《良鄉縣志》、《順義縣志》、《平谷縣志》，萬曆年間修《懷柔縣志》、《良鄉縣志》、《房山縣志》及沈榜《宛署雜記》等。但這些志書大都已經殘缺，有的亡佚，有的則流出國外。專志則有：（嘉靖）《居庸關志》、（嘉靖）《通惠河志》以及蔣一葵的《長安客話》，於奕正、劉侗的《帝京景物略》，曹學佺的《燕都名勝志稿》、張爵的《京師五城坊巷胡同集》、闕名撰《北平考》、郭造卿的《燕史》等。

（二）天津地區清代以前方志的編修情況

據《中國地方志總目提要》的介紹，天津市及所屬各區縣現存歷代所修志書二十九種，佚書二十三種。其中天津最早的方志是明朝正德年間修的《天津三衛志》。《明史・藝文志二》中有「胡文璧《天津三衛志》十卷，」

〔註15〕張國淦：《中國古方志考》第132頁，北京：中華書局1962年8月第1版。

〔註16〕繆荃孫纂：《順天府志》八卷，北京：北京大學出版社1983年4月第1次影印。參見金恩輝、胡述兆主編：《中國地方志總目提要》1～2頁，臺北：漢美圖書有限公司1995年12月出版。

〔註 17〕這是見於文獻記載的第一部天津志書。該志的編者是當時天津兵備副使胡文璧。胡文璧，字汝重，湖南耒陽人，明弘治十二年（1499）進士，正德初年由戶部郎中改御史出知鳳陽，後遷天津兵備副使。其修志事迹見於（康熙）《天津衛志》（抄本）所附載的倫以訓序、呂盛跋，以及（乾隆）《天津縣志》卷二十「藝文」所收錄的胡文璧《與倫彥式書》一文。明翰林院國史編修倫以訓在（康熙）《天津衛志・序》中曾經說天津「而舊未有紀也，整飭憲副耒陽胡公既蒞事進，屬將、父老、諸生問其邦之故，則以無志告。公曰『是在我。』乃用修政之暇，稽方界，核故實，採異聞，授諸生具草，躬筆削而成之。」〔註 18〕是志共十卷，其中凡天津名稱由來，建置沿革，山川形勝，城池屯田，學校閱場，物產風俗，人才盛衰，忠孝節義及藝文著述等方面的內容都有記載。但胡文璧因「修輯垂成，以改選去，弗克終事。」〔註 19〕到明正德十四年（1519）才由天津副使呂盛將它補完付梓，並名之曰（正德）《天津三衛志》。

（萬曆）《天津三衛志》是明代編修的另一部天津方志。（正德）《天津三衛志》刻成後，原版後因失火銷毀。明萬曆十八年（1590），天津監督倉儲、戶部分司郎中張常，從山東都指揮使倪雲鵬手中得明正德十四年（1519）舊刻本，遂與天津副使彭國光商議，開始由彭國光和張常編修新的《天津三衛志》。至明萬曆二十年（1592）纂修稿成，彭國光陞遷離任，由張常於是年刻成。是志除保存了正德本的內容以外，還搜集了許多自明正德十四年（1519）以後七十三年間的天津史料。〔註 20〕

這兩部明代方志現在均已亡佚。正德本原版焚毀後，其刻本萬曆年間尚存，萬曆本即是在正德本的基礎上重新修輯的。清康熙十一年（1672），薛柱斗修（康熙）《天津衛志》時此二書尚在，並於書中收錄了這兩部書的序言、跋語。但到清乾隆四年（1739）朱奎揚在（乾隆）《天津縣志・序》中則說：「邑故衛地，衛志有胡文璧本，甚佳，然不可得，今所存惟康熙間本。」

〔註 17〕張廷玉等撰《明史》卷九十七「志第七十三，」北京：中華書局 1974 年 4 月第 1 版。

〔註 18〕薛柱斗修，高必大纂：（康熙）《天津衛志》倫以訓「序，」清康熙十四年（1675）刻本。

〔註 19〕薛柱斗修，高必大纂：（康熙）《天津衛志》呂盛「跋，」清康熙十四年（1675）刻本。

〔註 20〕金恩輝、胡述兆主編：《中國地方志總目提要》2～1 頁，臺北：漢美圖書有限公司 1995 年 12 月出版。

〔註 21〕由此可知，明代的這兩部志書早在清乾隆四年（1739）時即已亡佚。

此外還有現屬天津管轄的一些縣（州）志，其中絕大部分已經亡佚。現存志書如（嘉靖）《薊州志》十八卷，該書由熊相纂修。熊相，字尚弼，瑞州高安（今屬江西）人，明正德三年（1508）進士，嘉靖初任薊州兵備副使。是志仿《大明一統志》體例，或有增益，分七綱三十八目。它是在已經亡佚的（成化）《薊州志》九卷的基礎上重新補輯而成的，爲現存最早的薊州志書，史料價值很高。

（三）河北省區域內清代以前方志的編修情況

在 1985 年出版的《中國地方志聯合目錄》一書中，曾經收載有河北省志書五百六十七種，但並不完整。據河北大學地方史研究室在 1984 年前後，對河北全省各大圖書館和三十四個地、縣就藏書單位現存河北省地方志的整體情況，進行了全面調查，並於 1989 年編輯出版了《河北歷代方志總目》。此書反映河北歷代所修各類方志大約有一千四百餘種，該書收錄其中河北現存方志六百一十七種，志略二百零六種，佚書四百八十一種。在二百零六種志略中，有三十一種是符合方志體例，內容齊全，刻印或鉛印出版的著述，實際也屬於方志，將此數計入河北方志總數，河北現存歷代方志達到六百四十八種。在河北現存歷代六百四十八種志書中，有明、清和民國期間刻本四百一十七種，鉛印本八十八種，手抄本一百二十七種，校本三十三種。從區域上劃分，有省級通志五種，府志四十九種，縣志五百餘種，關志、水志等專門志五十一種。

河北一帶修志的歷史悠久，據考證應該始於秦漢時期。東漢末年涿郡（今涿州市）人盧植著有《冀州風土記》，是我國最早的具有地方志性質的著述之一。盧植，字子幹，曾拜九江太守，徵爲議郎，遷尚書。原書已經佚失，在清代王謨編著《漢唐地理書鈔》一書中有輯本，可知該書載有冀州之山川、風土、人情等。東漢時設冀州刺史部行政建置，包括今河北省中南部地區，轄魏郡、鉅鹿郡、常山國、中山國、安平國、河間國、清河國、趙國、渤海郡等九個郡國。《冀州風土記》就是以冀州刺史部行政建置爲記述範圍，河北省最早的地方志書。

北魏酈道元，字善長，范陽（今涿州，一說涿鹿縣）人，是我國古代著

〔註 21〕朱奎揚、張志奇修，吳廷華等纂：（乾隆）《天津縣志》卷首「朱奎揚序，」清乾隆四年（1739）刻本。

名的地理學家，著有《水經注》四十卷。該書以水流爲綱，記述了北至遼河，南至嶺南廣大地域中，遼河、灤河、海河、黃河、淮河、長江、鬱江等大小水流 1292 條，涉及地理、氣候、風俗、物產、古迹、關隘、史實、遺聞、軼事等，是一部具有方志性質的著名的地理著述。此書系注釋桑欽《水經》一書，桑書僅記 137 條水流，內容也十分簡單。《水經注》相比《水經》，不僅記述水流數量多，而且內容豐富，其影響遠遠超越後者。

隋朝恒山新市（今河北新樂縣）人郎茂，官至尚書左承。他根據朝廷普召天下諸郡，條陳其風俗、物產、地圖等上報材料，撰寫《諸州圖經集》一百卷。博陵平安（今河北安平縣）人崔賾，於隋大業五年（公元 609 年）受詒，撰寫《區宇圖志》二百五十卷。高陽北新城（今河北徐水縣）人許善心，曾經撰《靈異記》、《西域圖記》、《方物志》等志書多種，隋大業五年（公元 609 年）受命將《區宇圖志》由二百五十卷增補至六百卷。

唐代滄州南皮人賈耽十分注意邊疆風土民情的搜集整理工作，繪撰《隴右山南圖》、《海內華夷圖》、《古今郡縣道四夷述》、《貞之十道錄》、《皇華四達記》、《吐蕃黃河錄》等著述。唐代趙州人李吉甫撰《元和郡縣圖志》四十卷，以當時的十道爲綱，詳載各道、府州、縣之沿革，山川、道里、戶數、貢賦等內容，成爲我國歷史上第一部全國性總志，其體例方法多爲後人效法。

宋代饒陽（今河北饒陽縣）李宗諤撰有《（祥符）州縣圖經》一千五百六十六卷，目錄兩卷，集北宋時期全國各地圖經之大全。記載州縣之建置、沿革、疆域、道里、土地、山川、風俗、形勢、物產、勝迹、藝文、人物、軼聞遺事等，是一部宋代全國總志。宋代還有趙州平剌（今河北趙縣）人宋敏求，撰有《長安志》、《河南志》（實爲《洛陽志》），它們是我國歷史上最早的都域志。

在明代，河北修志最負盛名的是容城人孫奇逢，他撰有《守容記略》、《畿輔人物考》、《容城縣志》等書。其在方志編纂理論方面也具眞知灼見，提出「節婦、義夫，非蓋棺不得書」，「孝友、義讓，不可自爲乞請」，「子孫不得爲祖父溢美，名宦需造福於地方」等主張。〔註 22〕這些修志原則，在明代提出難能可貴，並爲後人所遵循。

河北省區域現存方志，主要是明清和民國時期所修。自秦漢到元代的一

〔註 22〕金恩輝、胡述兆主編：《中國地方志總目提要》3-3 頁，臺北：漢美圖書有限公司 1995 年 12 月出版。

千五百年的歷史進程中，河北省一帶編修方志先後共計四十餘種。在這漫長的歷史階段，方志在河北省一帶經歷了從地理、歷史著述中，分離嬗演形成的過程。到唐宋時期，形成以河北省行政區域為記述範圍，道、郡、路、府、廳、州、縣的各級地方志書。元代以前的各類方志，因為歷史悠久，原書均已亡佚，只有少數志書在其它著述中有輯本。明代修志共計八十餘種，其中主要是嘉靖（修二十五種）、萬曆（修三十三種）兩代所修，約占明代修志總數的百分之七十二，比重十分可觀。

第一章　清代直隸方志的編纂組織與經費保障

清代直隸地區的各級官吏對於修志工作十分重視，由他們主修並親自組織，文人學者參與的各級修志機構，曾經發揮了重要的作用，使得志書編修活動能夠完整而有序地展開，在當時逐漸成爲一種模式和規範。因此研究清代直隸方志的編纂組織問題，就成爲考察清代直隸方志質量高低的重要內容和標準之一。

第一節　修志機構的組成及職能

一、修志機構的組成

清代直隸志書的編修工作中的角色，一般都由纂修人（主修、協修）、採訪人、總理人、繕寫人、讎校人、校刻人等人員組成。這些人員各有專長，分工協作。從所載分工看，從主修、主纂、同修、同纂到採訪、繕寫、校對。儘管名稱不一，但從搜集資料、編輯整理、繕寫謄錄、校對，至經費籌集、後勤管理各項工作程序上，卻是各司其職，分工明確，形成了一個嚴密而有序的整體運作體制。

清代直隸方志數量龐大，種類繁多，加之編修者的身份、社會地位和文化素質情況各異，這些因素直接關係到志書編纂質量的高低。爲便於進一步闡述這個問題，特將部分直隸方志修纂者的姓氏及身份，通過編製《部分清代直隸方志修纂姓氏署名表》，加以統計和甄別。

2-1 直隸方志修纂姓氏署名表

序號	志書名稱、總人數	編纂者署名方式	分工名稱、人數	參與者身份
1	（乾隆）《宣化府志》（王者輔、王畹修，吳廷華纂）共 48 人	姓氏（凡例之後，卷首之前）	總裁 3 人	宣化府知府今署廣東惠州府知府王者輔、宣化府知府升任直隸清河道王芥園、宣化府知府王畹
			總修 1 人	內閣三禮館纂修官、前福建同知、管興化府通判事吳廷華
			分修 2 人	浙江杭州府學選拔貢生、浙江杭州府學廩貢生
			參閱 13 人	宣化府東路同知、宣化府西路同知、延慶州知州、保安州知州、署蔚州知州、宣化縣知縣、赤城縣知縣、萬全縣知縣、龍門縣知縣、懷來縣知縣、蔚縣知縣、西寧縣知縣、懷安縣知縣
			採訪 23 人	原署懷來縣知縣、原任保定府祁州州判、宣化府教授、蔚州學正、宣化縣教諭、赤城縣教諭、懷來縣教諭、西寧縣教諭、赤城縣縣丞、萬全縣縣丞、保安州吏目、宣化縣典史、赤城縣典史、宣化縣雞鳴驛驛丞、赤城縣雲州驛驛丞、懷安縣萬全驛驛丞、翰林院編修、原任雲南東川府知府、候補主事、候補光祿寺典簿、進士候補知縣、舉人候補知縣、舉人
			分校 4 人	龍門縣教諭、宣化縣拔貢生、宣化縣儒學生員、西寧縣儒學生員
			督刊 1 人	宣化府經歷
			繕書 1 人	口北道書吏

2	（乾隆）《天津府志》（李梅賓、程鳳文修，吳廷華、汪沆纂）共 22 人	纂修職名（凡例之後，卷首）	總裁 2 人	直隸天津府知府李梅賓 直隸天津府知府程鳳文
			總修 1 人	內閣三禮館纂修官、原任福建興化府同知吳廷華
			分修 1 人	薦舉博學鴻詞、浙江錢塘縣監生汪沆
			分纂 12 人	長蘆都轉鹽運使運同、天津府同知、天津府通判、長蘆都轉鹽運使運判、滄州知州、天津知縣、青縣知縣、靜海知縣、南皮知縣、鹽山知縣、慶雲知縣
			分校 4 人	天津府學教授、天津府學訓導、天津縣學教諭、天津縣訓導
			督刊 1 人	天津府經歷
			校刊 1 人	浙江上虞縣儒士
3	（光緒）《廣平府志》（吳中彥修，胡景桂纂）共 58 人	修纂職名（凡例之後，目錄之前）	總修 1 人	賞戴花翎三品銜、在任候補道、廣平府知府吳中彥
			總纂 1 人	賜進士出身、前提督甘肅學政、翰林院編修胡景桂
			協修 22 人	調署永年縣知縣、永年縣知縣、廣平府同知署理永年縣知縣、曲周縣知縣、代理曲周縣署理肥鄉縣知縣、雞澤縣調署曲周縣知縣、曲周縣調署雞澤縣知縣、調署肥鄉縣知縣、署理雞澤縣知縣、廣平縣知縣、署理廣平縣知縣、署理邯鄲縣知縣、調補邯鄲縣知縣、成安縣知縣、威縣知縣、清河縣知縣、署理清河縣知縣、清河縣知縣、磁州知州、署理磁州知州
			襄纂 1 人	候選訓導、廩貢生
			參訂 2 人	癸未科進士、刑部浙江司主事，戊午科舉人呼蘭廳學正
			校勘兼參訂 2 人	兵部職方司郎中，候選訓導、優廩貢生

			校勘兼繪圖 1 人	乙酉科拔貢、八旗官學漢教習
			校對 5 人	候選縣丞、候補典史、永年縣教諭、永年縣訓導、直隸州用在候補知縣廣平府經歷
			收掌督刊 2 人	候選縣丞、候選典史
			採訪 19 人	府學教授、府學訓導，曲周縣訓導兼署教諭、署肥鄉縣教諭、肥鄉縣訓導、雞澤縣教諭、雞澤縣訓導、廣平縣教諭、廣平縣訓導、邯鄲縣教諭、邯鄲縣訓導、成安縣教諭、成安縣訓導、威縣教諭、威縣訓導、清河縣教諭、清河縣訓導、磁州學正、磁州訓導
			勸捐 2 人	永年縣典史、鴻臚寺序班
4	（乾隆）《滄州志》（徐時作修，胡淦等纂）共 42 人	纂修職名（目錄之後，凡例之前）	總裁 2 人	滄州知州徐時作、劉蒸雯
			總修 1 人	江南武進縣舉人胡淦
			纂修 4 人	滄州學正、訓導、州判
			分修 14 人	進士、舉人、拔貢
			提調 5 人	滄州吏目、呂家橋巡檢、孟村巡檢、磚河驛丞管巡檢
			校閱 9 人	副榜、廩生、附生、監生、生員
			採訪 7 人	舉人、恩貢、廩生、生員
5	（道光）《保安州志》（楊桂森纂修）共 24 人	保安州志重修姓氏（序文之後，凡例之前）	總纂 1 人	奉直大夫、知保安州事、前翰林院庶吉士、嘉慶己未（四年，1799）進士楊桂森
			分修 5 人	州廩生、歲貢、增生、生員
			參閱 1 人	保安州學正
			校輯 1 人	保安州吏目

			採訪 8 人	歲貢、恩貢、廩生、生員
			校對 3 人	生員
			監刻 5 人	衛千總職銜、增生、生員
6	（道光）《薊州志》（沈銳纂修）共 15 人	纂修職名（序文之後，凡例之前）	總裁 1 人	順天府東路廳薊州知州沈銳
			總修 2 人	浙江會稽縣監生、浙江德清縣生員
			參訂 6 人	順天府薊州儒學學正、署順天府薊州儒學學正、原任順天府薊州儒學訓導、署順天府薊州儒學訓導、順天府薊州儒學訓導
			採訪 2 人	候選直隸州判薊州拔貢生、順天府薊州附生
			校訂 2 人	浙江烏程州舉人候選通判、浙江歸安縣候選州判
			督刊 2 人	順天府薊州中營巡檢、薊州吏目
7	（光緒）《保安州續志》（張毓生、尋鑾晉纂修）共 24 人	續輯姓氏（序文之後，目錄之前）	總纂 1 人	朝議大夫、知保安州事張毓生
			倡修 1 人	奉政大夫、知保安州事、前翰林院庶吉士尋鑾晉
			參閱 1 人	保安州學正
			參輯 1 人	前保安州吏目
			分校 1 人	署保安州吏目
			分修 5 人	戶部浙江司行走候補郎中、國史館謄錄、歲貢、舉人
			採訪 8 人	大名府長垣縣訓導、歲貢、廩貢、廩生、生員
			校對 4 人	恩貢、歲貢、生員
			監刻 2 人	附貢、生員
8	（光緒）《祁州續志》（趙秉恒等修，劉學海等纂）共 28 人	序文之後，凡例之前，無署名方式	監定總裁 3 人	賜進士出身花翎鹽運使銜、知保定府事李培祐，花翎運同銜、祁州知州趙秉恒，祁州知州朱閏保

			協裁 2 人	祁州學正張履祺、祁州訓導龐遇榮
			纂續 2 人	戊子科舉人加五品銜、內丘縣訓導、邑人劉學海，六品頂戴、古項廩生韓翼亮
			督刊 1 人	祁州吏目
			採訪 7 人	副榜、癢生、廩生
			謄錄 4 人	癢生
			校字 2 人	廩生
			捐梓 7 人	奉天昌圖府知府、戶部主事加郎中銜、山東武定府惠民縣知縣、山西嵐縣知縣、例貢、監生
9	（光緒）《蔚州志》（慶之金修，楊篤纂）共 29 人	纂修姓氏（序文之後，凡例之前）	纂輯 2 人	特用府蔚州知州、辛亥科舉人慶之金，新選繁峙縣教諭甲子科舉人楊篤
			參閱 2 人	蔚州學正、蔚州訓導
			校對 2 人	前任蔚州吏目、州學廩生
			總理紳士 3 人	前任贊皇縣教諭、舉人、議敘州同附貢生
			採訪紳士 17 人	歲貢生、附貢生、增生、議敘訓導恩貢生、從九品銜、貤封朝議大夫生員、議敘訓導增貢生、貢生、分發山西候補縣丞、生員、鑲藍旗教習、議敘訓導廩貢生、翰林院庶吉士、舉人
			督刊 1 人	工房書吏
			繕寫 1 人	工房書吏
			繪圖 1 人	工房書吏

10	（康熙）《順義縣志》（黃成章修，張大酋纂）共 3 人	修志姓氏（序文之後，凡例之前）	修纂 1 人	順義縣知縣黃成章
			校訂 1 人	四川成都府綿竹縣貢生張大酋
			校讎 1 人	四川成都府綿竹縣儒學生員
11	（雍正）《完縣志》（朱懋德修，田瑗、田錫祜纂）共 13 人	修志姓氏（目錄之後，凡例之前）	重修 1 人	特授直隸保定府完縣知縣、監生朱懋德
			纂修 2 人	邑癢廩生田瑗、田錫祜
			總校 3 人	完縣儒學教諭、完縣儒學訓導、原任湖廣黃州府黃陂縣知縣
			採訪 5 人	貢生、邑癢廩生
			書寫 2 人	邑癢生
12	（乾隆）《永清縣志》（周震榮修，章學誠纂）共 73 人	（乾隆四十四年）永清縣志在事諸人姓氏（卷首，目錄、凡例之前）	主修 1 人	永清縣知縣、壬申舉人周震榮
			同事 2 人	永清縣儒學教諭、永清縣儒學訓導
			纂修 1 人	候補國子監典籍、戊戌進士章學誠
			首事 7 人	舉人、保舉孝廉方正生員、增貢生、廩生、武舉、武生
			採訪 4 人	舉人、廩生、生員
			校對 2 人	監生、生員
			收掌 3 人	廩生、候選州吏目、生員
			督梓 1 人	永清縣典史
			與事 32 人	候選儒學訓導、歲貢生、附貢生、廩生、生員
			刷卷 10 人	候補河東河工吏目、吏房書吏、戶田科書吏、戶租科書吏、戶倉科書吏、庫房書吏、禮房書吏、兵房書吏、刑房書吏、工房書吏
			謄錄 4 人	刑房書吏、兵房書吏、倉房書吏

			繪圖 2 人	工房書吏、畫工
			刻字 3 人	刻工
			經承 1 人	戶田科書吏
13	（乾隆）《武清縣志》（吳翀修、曹涵、趙晃纂）共 29 人	重修武清縣志職銜姓氏（序之後，凡例之前）	總理 1 人	知武清縣事吳翀
			分纂 2 人	翰林院檢討曹涵、分巡山東登萊青道按察使司副使趙晃
			協修 4 人	署教諭事舉人、訓導
			分輯 19 人	武舉、武進士、揀選知縣、候推守備、貢生、候選州同、太學生、癢生
			校字 2 人	癢生
			督梓 1 人	典史
14	（乾隆）《隆平縣志》（袁文煥纂修）共 44 人	隆平縣志同修姓氏（序之後，凡例之前）	纂修 1 人	知隆平縣事 袁文煥
			參閱 2 人	教諭、訓導
			協修 5 人	廩生、增生、生員
			校梓 1 人	典史
			編次 4 人	進士、舉人
			考訂 5 人	恩貢生、拔貢生、歲貢生
			採訪 5 人	附貢生、增貢生、廩生、生員
			經理 21 人	舉人、附貢生、候選千總、廩生、生員、監生
			協修 4 人	代理知縣、教諭、訓導、縣丞
			總纂 1 人	原任山西曲沃縣知縣陳柱
			分纂 5 人	舉人

			督刊 1 人	典史
			分校 5 人	原任戶部江西司員外郎、候選按經、貢生、增生、附生
			採訪 20 人	貢生、武舉、原任廣東三江司巡檢、增生、附生、監生
			謄錄 2 人	附生
15	（咸豐）《固安縣志》（陳崇砥修，陝福嘉纂）共 24 人	重修固安縣志姓氏（序之後，凡例之前）	纂修 1 人	大挑知縣署固安縣事 丙午科舉人陳崇砥
			編輯協修 1 人	福建庚子科舉人陳福嘉
			編輯校刊 3 人	固安縣教諭、固安縣訓導、固安縣訓導現任國子監助教
			採訪紳士 17 人	拔貢生、歲貢生、舉人、廩生、附生
			校對 2 人	附生
16	（同治）《續天津縣志》（吳惠元修，蔣玉虹、俞樾纂）共 38 人	銜名（凡例後，目錄前）	總修 1 人	前雲南鹽法道、翰林院編修、國史館提調吳惠元
			編輯 2 人	邑廩貢生蔣玉虹，前翰林院編修、浙江進士俞樾
			參訂 4 人	邑增生、邑歲貢生、副榜
			採訪 1 人	邑廩貢生
			校錄 3 人	議敘六品銜、邑增生、文童
			分校 18 人	舉人、邑增貢生、邑附貢生、邑附生、邑廩生、歲貢生、文童
			督刊 8 人	四品銜浙江監生、道銜知府用前候補員外、都司銜、二品頂戴候選道、同知用前刑部員外、議敘六品銜、六品軍功
			繪圖 1 人	從九品
17	（同治）《平鄉縣志》（蘇性纂修）共 27 人	平鄉縣志重修姓氏（凡例之後，目錄之前）	纂輯 1 人	平鄉縣知縣蘇性
			參定 2 人	儒學教諭、儒學訓導
			協修 4 人	舉人、拔貢

			校字 4 人	廩生、生員
			採訪 13 人	貢生、候選主簿、鴻臚寺序班、廩膳生、生員
			採訪並校字監刊 3 人	貢生、翰林院待詔、廩膳生
			參訂 2 人	元城縣教諭、元成縣訓導
			採訪 4 人	元城縣廩生、癢生
			校對 4 人	元城縣拔貢生、廩生、增生
			拾遺 1 人	浙江山陰縣附監生
			繪圖 1 人	身份不詳
18	（光緒）《永清縣志》（李秉鈞、吳欽修，魏邦翰纂）共 68 人	修志姓氏（序之後，目錄之前）	主修 2 人	花翎知府銜、原任永清縣知縣李秉鈞，同知銜、署永清縣知縣吳欽
			纂修 1 人	福建候補知縣、丁卯補行甲子舉人魏邦翰
			協修 2 人	前任永清縣教諭、山東即用知縣，光祿寺署正銜、永清縣訓導兼署教諭
			收掌 1 人	六品銜、候補州吏目、署永清縣典史
			督梓 2 人	六品銜、前任永清縣典史，儘先千總、署永清汛把總
			編次 2 人	候選布政使理問、候選通判
			分理志務 12 人	前任高邑縣教諭、舉人、候選訓導、副貢生、廩生、六品銜候選從九品癢生、監生、候選教諭、歲貢生、候選從九附生、候選從九監生
			採訪 10 人	舉人、貢生、廩生、增生、附生、六品職銜
			謄錄 33 人	附生、監生、文童

			繪圖 2 人	
			刻工 1 人	律古齋
19	（光緒）《新樂縣志》（雷鶴鳴修，趙文濂纂）共 56 人	重修新樂縣志姓氏（目錄之後，卷首）	纂修 3 人	知新樂縣事　壬戌兼戊午舉人雷鶴鳴，欽加五品銜、知縣用兼理新樂縣知縣正定府經歷葉向榮，欽加同知銜、賞戴藍翎、正定府平山縣調署新樂縣知縣石崑山
			協修 2 人	候選教授儒學教諭，五品銜學訓導
			總纂 1 人	正定府教授　己酉舉人趙文濂
			校閱 1 人	縣典史
			採訪 36 人	恩貢、拔貢、貢生、廩生、增生、附生、監生
			謄錄 11 人	廩生、增生、附生
			對讀 2 人	廩生、附生
20	（光緒）《重修曲陽縣志》（周斯億、溫亮珠修，董濤纂）共 40 人	重修曲陽縣志銜名（序之後，凡例之前）	總纂 2 人	直隸定州曲陽縣知縣、調補任丘縣知縣、己卯科舉人周斯億，賜同進士出身、欽加同知銜、直隸定州曲陽縣知縣溫亮珠
			編次 1 人	欽加同知銜、分省試用知縣、己卯科舉人董濤
			校勘 4 人	署曲陽縣訓導、歲貢生，候選教諭、丁酉科舉人，附生兼采訪、增生兼繪圖
			繪圖 1 人	附貢生
			監雕 1 人	拔貢生
			採訪 30 人	署龍門縣教諭、附貢生、歲貢生、增貢生、廩生、增生、附生、文童
			謄錄 1 人	戶科書吏

21	（光緒）《東光縣志》（周植瀛修，吳潯源纂）共 66 人	新修姓氏（目錄之後、凡例之前）	鑑定 1 人	同知銜、知東光縣事周植瀛
			纂輯 1 人	己亥恩科舉人吳潯源
			監修 2 人	東光縣教諭、東光縣訓導
			督梓 3 人	五品銜、東光縣主簿，東光縣典史、候選巡檢
			編次 8 人	舉人、歲貢生、癢生、廩膳生、增廣生
			校對 5 人	廩膳生、增廣生、癢生
			參校 1 人	癢生
			繪圖 3 人	癢生、例貢、童生
			繕寫 14 人	廩膳生、癢生、童生
			收掌 5 人	經制外委存城汛、六品軍功、七品軍功、武童、庫房書吏
			採訪勸輸 23 人	武進士、武舉人、國史館謄錄歲貢生、廩膳生、癢生、六品頂翎武生、例貢、例監、五品頂翎議敘把總、布政司理問銜，從九、七品頂戴，吏員、戶房書吏、禮房書吏
22	（光緒）《吳橋縣志》（倪昌燮修，馮慶楊纂）共 52 人	歷代縣志姓氏（目錄之後，卷首之前）	續修 2 人	運同銜候補知州、權知吳橋縣事倪昌燮，瀾陽書院掌教、辛亥科舉人馮慶楊
			協修 4 人	吳橋縣教諭、吳橋縣訓導，候選知縣、辛亥科舉人，辛酉科副舉
			編輯 8 人	吳橋縣典史、候選鹽大使、廕生候選主簿、六品頂戴候補典史、五品頂戴
			參閱 3 人	候選縣丞、二品封四品銜、增生
			督刊 2 人	運同銜、六品頂戴候選主簿

			校對 3 人	附生
			採訪紳士 30 人	分發山東補用同知、藍翎候選同知加一級，同知銜、候選教諭、癸酉科拔貢，候選訓導、貢生、廩生、增生、附生、監生、都司銜、六品軍功、武生
23	（光緒）《大城縣志》（趙炳文、徐國楨修，劉鍾英、鄧毓怡纂）共 45 人	重修大城縣志姓氏（凡例、目錄之後，卷首）	纂定 2 人	欽加同知銜、賞戴花翎、特授東安縣署理大城縣知縣趙炳文，欽加五品銜、賞戴花翎、特授大城縣知縣徐國楨
			纂修 2 人	選拔貢生劉鍾英、博士弟子員鄧毓怡
			參閱 3 人	儒學教諭、儒學訓導、翰林院編修
			倡修 3 人	五品銜、六品銜、五品銜高邑教諭
			分輯 3 人	廩膳生、癢生
			繕修 7 人	癢生、儒士、五品銜、貢生
			校對 2 人	癢生
			採訪 16 人	儒士、翰林院庶吉士、癢生、舉人、廩膳生
			督梓 1 人	癢生
			助修 6 人	四品銜、縣丞銜、河南候補縣丁卯舉人、從九品、儘先縣丞、文童
24	（光緒）《定興縣志》（張主敬修、楊晨纂）共 34 人	修輯姓氏（序之後，凡例之前）	鑒定 1 人	頭品頂戴，兵部侍郎兼都察院右副都御史、陝西巡撫、丁丑進士鹿傳霖
			監修 4 人	署定興縣事、蔚州知州、乙丑進士張諧之，定興縣知縣、監生嚴祖望，署定興縣事、滿城縣知縣、丙子進士張主敬，署定興縣事、柏鄉縣知縣、監生李傳棣
			纂修 1 人	掌山東道監察御史、前翰林院編修、丁丑進士楊晨

			協修 4 人	定興縣教諭、定興縣訓導、翰林院編修兼襲騎都尉世職、福建恒春縣知縣
			校刊 2 人	工部虞衡司主事、本邑舉人
			校刊兼采訪 2 人	縣學生員、廩生
			督工 2 人	縣典史
			督工兼采訪 2 人	縣學生員、詹事府供事
			採訪 16 人	山東蓬萊縣知縣、本縣教諭、舉人、前井陘縣訓導，縣學廩生、生員
25	(光緒)《鉅鹿縣志》(淩燮修，赫慎修、夏應麟纂）共 67 人	修志姓氏（序之後，凡例之前）	總修 1 人	鉅鹿縣知縣淩燮
			協修 9 人	前任鉅鹿縣知縣、任邱縣知縣、衡水縣知縣、靜海縣知縣、原任鉅鹿縣訓導、鉅鹿縣教諭、前署鉅鹿縣訓導、鉅鹿縣訓導
			總纂 2 人	六品銜歲貢生夏應麟，知府用前任河南開封府河北同知、丙辰進士赫慎修
			分纂 7 人	候選教諭、候選直隸州州判、候選訓導、增廣生、候補直隸州州同
			分校 6 人	附貢生、歲貢生、附生、候選訓導、原任獲鹿縣訓導
			督梓 1 人	增廣生
			採訪 36 人	太學生、舉人、歲貢生、廩貢生、候選守禦所千總、增廣生、附生、廩膳生、候選通判、候選從九、候選把總、候選訓導、候選直隸州州判、前任深州訓導
			繪圖 1 人	附生
			眷錄 4 人	附生

26	（光緒）《唐山縣志》（蘇玉修，杜靄、李飛鳴纂）共 49 人	唐山縣志歷修姓氏（凡例之後，卷一之前）	總裁 1 人	特授河間府肅寧縣、調補唐山縣知縣生員蘇玉
			纂輯 2 人	署唐山縣教諭、廩貢杜靄，唐山縣訓導、歲貢李飛鳴
			督梓 1 人	唐山縣典史、吏員
			分纂 1 人	候選州判、乙酉拔貢
			參訂 2 人	兵部武選司筆貼式、滿洲人，辛酉科拔貢
			校對 2 人	增生、廩生
			採訪 38 人	舉人、拔貢、歲貢生、試用訓導廩貢、六品銜附貢、廩生、郡廩生、增生、序班銜附生、附生、武生
			書手 1 人	廩生
			刻工代刷印 1 人	身份不詳
27	（光緒）《邢臺縣誌》（戚朝卿修，周祐纂）共 46 人	修纂姓氏（居卷首，凡例和目錄之前）	鑒定 1 人	賜進士出身、同知銜、升補滄州知邢臺縣事戚朝卿
			編輯 1 人	候選知縣、舉人周祐
			參閱 4 人	中學堂教習、候選訓導、廩貢，中學堂教習、懷柔訓導、舉人，五品職銜、歲貢生，小學堂學董、舉人
			收掌 1 人	邢臺縣典史
			校對 4 人	歲貢、廩貢、廩生、生員
			採訪 33 人	拔貢、歲貢、廩貢、廩生、增生、生員、職員
			繕寫 2 人	拔貢、增生

從表 2-1 中可以看出，清代直隸方志纂修者的姓名一般都是單獨刊載。而署名名稱也是五花八門，如「姓氏」、「纂修姓氏」、「修志姓氏」、「修輯姓氏」、「歷代縣志姓氏」、「重修姓氏」、「重修某某縣志姓氏」、「重修某某縣志銜名」、「銜名」、「某某州（縣）志重修姓氏」、「某某縣志同修姓氏」、「職銜姓氏」、「某某縣志在事諸人姓氏」、「續輯姓氏」、「纂修職名」、「修纂職名」等等。署名位置也是各不相同，如有的載於卷首，凡例和目錄之前；有的載於卷首，凡例、目錄之後；有的載於凡例之後，目錄之前；有的載於凡例之前，目錄之後；有的載於目錄之後，卷首之前；有的載於序文之後，凡例之前；有的載於序文之後，目錄之前等等。

清代直隸參與修志人員的數量情況，各地也是多少不一。最少的（康熙）《順義縣志》僅 3 人，最多的（乾隆）《永清縣志》達 73 人之多，一般從十餘人至六十餘人不等。

根據上述府、州、縣志書的粗略統計中還可以看出，清代直隸地區志書編修志者的資歷和層次不一。如有的是由內閣三禮館纂修官出身者主修，有的是由翰林院庶吉士出身者主纂，有的是由翰林院編修、國史館提調出身者主纂，有的是由翰林院檢討出身者主纂，有的是由進士出身者主纂，有的是由舉人主纂，有的是由廩貢、拔貢、歲貢主纂，有的是由生員主纂，有的是由監生主纂，涵蓋了幾乎所有不同的文化層次。只有極個別的人員，沒有注明身份。說明儘管這些修志者的文化層次不同，但整體上還是具備較高的文化素養，同時在一定程度上體現出清代直隸方志編修活動的特色。

清代直隸修志人員的身份，主要由三部分構成：主修其事的地方官員、儒學教官與地方名士。

（一）地方官員

清代直隸各地的修志活動自上而下展開，督促甚緊，而且均由地方官員主持此項工作，修成後再由他們撰寫序言，不但作爲本人的政績，而且可以揚名後世。主修或者主纂官員一般均爲負責本地政務現任，或前任的各級官員，如總督、巡撫、內閣學士、侍郎、翰林院編修、知府、知州、知縣、同知等等。如康熙、雍正、同治三朝纂修《畿輔通志》的主修、主纂，均爲總督、巡撫、內閣學士、侍郎、翰林院編修等官員。（康熙）《畿輔通志》的主修于成龍身爲直隸巡撫，主纂郭棻則曾經擔任內閣學士兼禮部侍郎。（雍正）《畿輔通志》的主修唐執玉、李衛都曾經擔任直隸總督，該志主纂陳儀官至侍讀學士，另一位主纂田易曾經擔任任湖南辰州府同知。（同治）《畿輔通志》的主修之一李鴻章更是位極人臣，擔任直隸總督兼北洋大臣，主纂之一黃彭年則官至翰林院編修。

清代直隸府州縣志書的主修或主纂，一般也都屬於在職或致仕的地方高官。如作爲（乾隆）《宣化府志》的兩位主修，王者輔曾經擔任宣化府知府，王畹則爲現任知府，主纂吳廷華官至興化府通判。（光緒）《廣平府志》的主修吳中彥身爲廣平府知府，主纂胡景桂則曾任提督甘肅學政。又如（道光）薊州志的主修（同時也是主纂），即是薊州知州沈銳。（光緒）《保安州續志》的主修（同時也是主纂）尋鑾晉署保安州知州，張毓生任保安州知州。（乾隆）《永清縣志》的主修爲永清縣知縣周震榮，（光緒）《東光縣志》的主修周植瀛則任東光縣知縣，（光緒）《定興縣志》的主纂楊晨的身份則是掌山東道監察御史、前翰林院編修。

另外在一些志書的主修組成人員中，還包括負責本地政務的高一級官員。如（光緒）《祁州續志》主修之一李培祐的身份，即爲保定府知府。由於當時祁州即是保定府的轄區，因此李培祐在主修人員中身份比較特殊，屬於負責本地政務的高一級官員。（光緒）《定興縣志》的主纂楊晨也是這種情況，他的身份是掌山東道監察御史、前翰林院編修。

其它修志機構的組成人員，包括地方政府的各級官員，如典史、州判、州同、縣丞、主簿、詹事府供事、吏員、吏目、巡檢等。就官員設置和品秩而言，知府爲從四品，同知爲正五品，通判爲正六品。知州爲正五品，州同爲從六品，州判爲從七品，吏目爲從九品。知縣爲正七品，縣丞爲正八品，主簿爲正九品。翰林院編修爲正七品，檢討爲從七品，庶吉士食七品俸。此外，其它官員品秩更低一些，有的甚至未入流，但執掌地方兵戎、錢穀、政教之事，所以編修志書就成爲其重要的職事。

清代各級地方官員的任職，一般實行迴避制度，當地人不在當地作官，地方官對於治下的情況並不是十分熟悉，再加上地方行政事務繁多，因此地方官很少能夠直接主纂縣志。他們署名志書的「主修」或者「主纂，」實際上多屬一種榮譽職銜，主要是在人員組織、經費保障等方面進行協調，具體的修志事務介入得並不多。

（二）儒學教官和生員

地方儒學成爲清代直隸方志編修活動中的主要力量。在所修的每部志書中，很多的教官、生員均參與修志，修志逐步成爲朝廷推行教化的重要途徑。清代教育十分發達，各府州縣都設有儒學，府學設置教授，其中教授品秩爲正七品；州學設置學正，品秩爲正八品；縣學設置教諭，品秩爲正八品。另外府州縣學還設訓導，其中府學訓導品秩爲從八品。除了設置以上這些教官外，還招收大量的廩生、附生、廪生、貢生等生員。這些人雖然還不具備做官的資格，但卻具有一定的文化知識，對地方文化的繁榮發揮着重要的作用。其中教官還可以分爲兩個部分：

1. 負責本地儒學教育的上級教官

如新樂縣在清代屬於直隸正定府的轄區，品秩爲五品的正定府教授趙文濂，曾經擔任（光緒）《新樂縣志》的主纂，他的身份即屬於負責新樂縣本地儒學教育的上級教官。這種現象說明清代直隸各級政府對方志的編修活動，確是十分重視的。

2. 直接負責本地儒學教育的各類教官

這種情況相對比較普遍。如新樂縣在清代屬於直隸正定府的轄區，（光緒）《新樂縣志》編修機構中負責協修、校閱等環節工作的，就有訓導、教諭等直接負責本地儒學教育的各類教官。到晚清朝廷施行「新政」，各地開辦中小學堂，有些擔任中學堂教習，小學堂學董職務的訓導廪貢、舉人，曾經直接參與到方志的編修過程中，承擔參閱工作。如（光緒）《邢臺縣志》的編修過程中，就開始由中學堂教習、小學堂學董擔任「參閱」工作。

地方志是地方文化的主要載體。清代直隸各地的儒學教官和生員，希望通過參與編修地方志，傳播封建的綱常倫理，淨化一方社會風氣，宣傳儒家的忠孝仁義，從而建構起地方價值觀念與道德評判體系。清代直隸儒學的教官一般參與志書編修的策劃、組織、編輯，根據需要，有時也會從事搜集資料、文字校對等工作。而生員作爲編修機構中人數最多的群體，從搜集資料入手，到整理、抄錄、編輯、校對、刻印各個環節，在這類日常和瑣碎的工作中，所承擔的任務往往是最爲繁重的。

（三）地方名士

清代直隸各地出現志書的編修活動，既來自各級政府的大力推動，又有賴於文人的積極參與。究其原因，除了受清代文化高壓政策的影響外，也與清代康熙朝開始，至嘉慶朝三修《大清一統志》活動的推動有密切的關係。編修《大清一統志》作爲清代國家級的重大文化工程，朝廷在人力、物力、財力方面都給與高度的支持與資助，自然會引得很多文人關注。這部分人不僅擁有淵博的文化知識，而且在當地享有很高的聲望。能否參加《一統志》的編纂工作，既是學者學識、學術名望的反映，又是學者的學術地位、社會影響在官府層面上的體現。因此清代三修《大清一統志》的活動，曾經吸引大量知名學者參與。清代一統志館設置總裁官、副總裁官、纂修官，共有三十三個崗位。二修、三修時，也設有總裁、副總裁、總提調、提調、總校對、校對等職位。其中重要職位多由大學士、國史館和方略館的總裁、纂修兼任，而供社會上的學者充任的畢竟有限，不能滿足學者們要求參加這一重大文化項目而一顯身手的願望。爲籠絡更多的知識分子，發揮他們的學術特長，朝廷將《大清一統志》編纂工作加以延伸，把爲《一統志》逐級提供資料的省、府、州、縣志，納入《大清一統志》編纂系統中。清康熙十一年（1672）諭令各省督撫「聘集夙儒名賢」，組建修志班子，「接古續今」，編輯通志，然後「彙爲《大清一統志》。」〔註 1〕從此以後，文人大多都把修志作爲一項重要的事業，積極投身到各地的修志活動中去。

「清之盛時，各省、府、州、縣皆以修志相尚，其志多出碩學之手。」〔註 2〕「各府廳州縣，幾無不有志。……。其間成於俗吏之手者固多，然名儒精心結撰，或經其參訂商榷者，亦至多。」〔註 3〕諸如陸隴其、章學誠、紀昀、俞樾、楊篤、吳汝綸、繆荃孫等著名學者，均曾經先後參與直隸區域的一些修志活動，其中少則修志一、二部，多則六、七部。這些學者在史學、地理學、經學、譜牒學、文獻學等學科領域造詣很深，各有建樹。他們以嚴謹的學術態度，將學術研究與修志實踐結合起來，發凡起例，廣羅材料，考證史實，講求章法，並取得了卓著的成果，促進了清代方志編纂水平的不斷提高。

〔註 1〕萬邦維、衛元爵修，張重潤纂：（康熙）《萊陽縣志》卷首「奉上修志敕文，」清康熙十二年（1673）修，十七年（1678）刻本。

〔註 2〕梁啓超：《清代學術概論》第 89 頁，臺北：臺灣商務印書館，1985 年 2 月出版。

〔註 3〕傅振倫《中國方志學通論》第 25 頁，上海：商務印書館，民國二十四年（1935）十二月出版。

這些文人學者除了擁有淵博的文化知識，豐富的人生閱歷外，還對記載一方的博物之書——方志，有着比較深刻的認識和研究。他們在實踐中注重「史德」、「志德」的修養，使志書既有濃鬱的時代氣息，又富有豐富的文化內涵。如陸隴其主修（康熙）《靈壽縣志》，章學誠主纂（乾隆）《永清縣志》，繆荃孫主纂（光緒）《順天府志》等，都屬於清代直隸方志中的名篇，對清代直隸乃至全國的志書編纂活動都產生了重要的影響。

清代直隸文人在許多地方修志活動中發揮過主導作用，並取得佳績。其形式主要表現爲，一方守令禮聘一學者，委以全權主持修志活動，不掣其肘，如章學誠纂修（乾隆）《永清縣志》、繆荃孫纂修（光緒）《順天府志》和（光緒）《昌平州志》等。另外本人有時就作爲地方政府的主要官員，親自主持當地修志活動，直接參與修志的有關工作，如陸隴其纂修（康熙）《靈壽縣志》等等。

關於清代直隸部分文人名士參與修志情況，可以參見以下 2-2《清代直隸部分文人名士參與修志情況統計表》

2-2　清代直隸部分文人名士參與修志情況統計表

姓　名	字　號	生卒年限	鄉　貫	出　身	主要著述	參修方志	資料來源
陸隴其	字稼書，謚清獻	1630～1692	浙江平湖	康熙九年（1670）進士	撰《三魚堂文集》、《學術辨》、《困勉錄》、《松陽講義》	主修（康熙）《靈壽縣志》	柯愈春：《清人詩文集總目提要》217頁，北京：北京古籍出版社2002年2月第1版。《清史稿》卷265 列傳52
章學誠	字實齋	1738～1801	浙江會稽	乾隆四十三年（1778）進士	撰《章氏遺書》等多種著述	主纂（乾隆）《永清縣志》等多部方志	柯愈春：《清人詩文集總目提要》789頁，北京：北京古籍出版社2002年2月第1版
繆荃孫	初字小珊，號楚薌，後改字炎之，號筱珊，晚年又號藝風	1844～1919	江蘇江陰	光緒二年（1876）進士	撰《藝風堂藏書記》、《藝風堂文集》等各類著述共183種	主纂（光緒）《順天府志》、（光緒）《昌平州志》等多部方志	楊洪昇：《繆荃孫研究》68頁，上海：上海古籍出版社2008年12月第1版
黃彭年	字子壽，號陶樓，晚號更生	1823～1890	貴州貴築	道光二十五年（1845）進士	撰《陶樓雜著》、《陶樓文鈔》等	主纂（同治）《畿輔通志》	柯愈春：《清人詩文集總目提要》1590頁，北京：北京古籍出版社2002年2月第1版

吳汝綸	字摯甫	1840～1903	安徽桐城	同治四年（1866）進士	撰《桐城吳先生全書》	主修（同治）《深州風土記》	柯愈春：《清人詩文集總目提要》1743頁，北京：北京古籍出版社2002年2月第1版
史夢蘭	字香崖，號硯農	1813～1898	直隸樂亭	道光二十年（1840）舉人	撰《爾爾書屋文鈔》、《爾爾書屋詩草》、《全史宮詞》、《止園筆談》、《選雅》等，輯《永平詩存》	主纂（同治）《遷安縣志》、（光緒）《永平府志》、（光緒）《樂亭縣志》、（光緒）《撫寧縣志》等	柯愈春：《清人詩文集總目提要》204頁，北京：北京古籍出版社2002年2月第1版
朱彝尊	字錫鬯，號竹垞，晚號小長蘆釣魚師，又號金風亭長	1629～1709	浙江秀水	康熙十八年（1679）舉博學鴻詞	參修《明史》，並撰《曝書亭集》等數十種著述	纂（康熙）《日下舊聞》	柯愈春：《清人詩文集總目提要》204頁，北京：北京古籍出版社2002年2月第1版
管庭芬	字培蘭，又字子佩，號芷湘，晚號芷翁	1797～1880	浙江海寧	諸生	撰《渟溪老屋自娛集》、《芷湘吟稿》、《渟溪老屋題畫詩》等	佐錢泰吉纂修《海昌備志》，纂（道光）《瀞陰志略》	柯愈春：《清人詩文集總目提要》1325頁，北京：北京古籍出版社2002年2月第1版
高驤雲	字逸凡，號式如	1796～1861	浙江山陰	道光元年（1821）舉人	撰《漱琴室存稿》、《津河客集》等	纂（咸豐）《房山志料》	柯愈春：《清人詩文集總目提要》1313頁，北京：北京古籍出版社2002年2月第1版

郭棻	字芝仙，號快庵，一號快圃，謚文清	1622～1690	直隸清苑	順治九年（1652）進士	撰《學源堂集》	纂（康熙）《畿輔通志》、（康熙）《保定府志》、（康熙）《清苑縣志》	柯愈春：《清人詩文集總目提要》154頁，北京：北京古籍出版社2002年2月第1版
佘一元	字占一，號潛滄	不詳	直隸山海衛	順治四年（1647）進士	撰《畬潛集》	纂（康熙）《山海關志》	柯愈春：《清人詩文集總目提要》116頁，北京：北京古籍出版社2002年2月第1版
孟傳鑄	字劍農，號柳橋	不詳	山東章丘	道光十三年（1823）拔貢	撰《秋根書室集》，附《西行紀程》、《西征集》	纂（同治）《直隸趙州志》	柯愈春：《清人詩文集總目提要》1528頁，北京：北京古籍出版社2002年2月第1版
戚學標	字翰芳，號鶴泉	1742～1825	浙江太平	乾隆四十六年（1781）進士	撰《鶴泉文鈔》、《鶴泉文鈔續選》、《景文堂詩集》、《溪西集》	纂修（嘉慶）《涉縣志》	柯愈春：《清人詩文集總目提要》816頁，北京：北京古籍出版社2002年2月第1版
施彥士	字樸齋	1775～1835	江蘇崇明	道光元年（1821）舉人	撰《求己堂八種》、《塞垣草》	纂（道光）《內邱縣志》、（道光）《萬全縣志》	柯愈春：《清人詩文集總目提要》1093頁，北京：北京古籍出版社2002年2月第1版

俞樾	字蔭甫，晚號曲園居士	1821～1907	浙江德清	道光三十年（1850）進士	撰《春在堂全書》	纂（同治）《續天津縣志》等	柯愈春：《清人詩文集總目提要》1568頁，北京：北京古籍出版社2002年2月第1版
陳儀	字子翽，號一吾	1670～1742	直隸文安	康熙五十四年（1715）進士	撰《蘭雪堂集》、《陳學士文鈔》	纂（雍正）《畿輔通志》、《直隸河渠志》	柯愈春：《清人詩文集總目提要》433頁，北京：北京古籍出版社2002年2月第1版
楊篤	字穉劉，號鞏同，又號秋湄、虬麋道人、呂香眞逸，晚年號東瀆老人	1834～1894	山西寧鄉	同治三年（1864）舉人	撰《山右金石記》、《秋湄遺集》	纂（同治）《西寧新志》、（光緒）《蔚州志》等十三部方志	柯愈春：《清人詩文集總目提要》1693頁，北京：北京古籍出版社2002年2月第1版
黃可潤	字澤夫，號壺溪	1708～1764	福建龍溪	乾隆四年（1739）進士	撰《壺溪文集》、《壺溪文集初稿》	纂（乾隆）《口北三廳志》、（乾隆）《無極縣志》等	柯愈春：《清人詩文集總目提要》617頁，北京：北京古籍出版社2002年2月第1版
黃彭年	字子壽	1823～1890	貴州貴築	道光進士	撰《歷代關隘津梁考存》等	（同治）《畿輔通志》	董一博主編：《中國地方志大辭典》，杭州：浙江人民出版社1988年7月第1版

在清代直隸文士通過對知識的佔有，以及與政治特權的結合，充當着掌握社會權威、文化規範的角色，掌控基層社會政治、教化與文化解釋的權力，對於傳統社會秩序的穩定和延續，曾經發揮着重要的作用。方志作爲一方之全史，是地方文化的重要載體，士紳階層通過參與編纂方志，借其在基層文化建設中的功能，實現壟斷社會文化權力的目的。這些名士參與修志活動的方式，主要借助於他們的身份、地位和學識能力，擔任志書的主纂，甚至是主修，從而在修志活動中發揮主導作用。

二、修志機構的職能

清代直隸方志編修數量龐大，種類繁多。同時編修者們的身份、地位、文化素質以及學術能力，也是千差萬別的。這些因素不僅直接關係到一部志書質量的高低，還由於這些志書的編修者在其中承擔着不同職責，再加上清代直隸方志的編修制度以官修爲主，除少數私纂者外，志書纂修活動都是由政府官員主持並督促完成，並且成於多人之手，職責分工比較精細，屬於一種集體勞動成果的結晶。因此根據清代直隸志書編修的情況，將其修纂者姓氏及身份加以甄別和統計，分析職責和分工是十分重要的。

（一）主修

主修負責修志的總體事宜。從署名來看有很多種，其中有的直接署名爲主修，如李秉鈞、吳欽擔任（光緒）《續永清縣志》的主修。有的署名爲總裁，如（乾隆）《滄州志》的主修徐時作、劉蒸雯擔任該志的總裁，（光緒）《唐山縣志》的主修蘇玉擔任該志書的總裁。有的署名爲總修，如（光緒）《鉅鹿縣志》的主修淩燮擔任該志的總修。有的署名總理：如（乾隆）《武清縣志》的主修吳翀，擔任該志的總理。有的署名監修，如（光緒）《定興縣志》的主修張主敬等任該志的監修。有的署名總纂，如（光緒）《重修曲陽縣志》的主修周斯億、溫亮珠，擔任該志的總纂。有的署名纂定，如（光緒）《大城縣志》的主修趙炳文、徐國楨，擔任該志的纂定。有的署名纂修，如（同治）《續元城縣志》的主修吳大鏞，擔任該志的纂修。有的署名纂輯，如（同治）《平鄉縣志》的主修蘇性，擔任該志的纂輯。有的署名修纂，如（康熙）《順義縣志》的主修黃成章，擔任該志的修纂。有的署名鑒定，如（光緒）《邢臺縣志》的主修戚朝卿擔任該志的鑒定。有的署名編定，如（光緒）《保定府志》的主修李培祜、朱靖旬擔任該志的編定。有的署名倡修，如（光緒）《保安州續志》

的主修之一尋鑾晉，擔任該志的倡修。這些名稱不盡相同，發揮的作用卻是相同的。

主修在從志書編修的策劃，到志稿的校正，並付梓刻印的整個過程中，承擔着總體的責任。如清代直隸保定府祁州的修志活動，自清乾隆二十年（1755）以後，至清光緒朝一百餘年間，未再進行任何續修活動。（光緒）《祁州續志》主修趙秉恒曾經說：「余履祁之明年，即奉修志之令，自維一長，莫擅逭論，其三惴惴焉，以不克終事是懼。」加之祁州「舊志出刁孝廉錦手，結構謹嚴，」如果操作不周密，「修志則恐貽笑續貂。」趙秉恒「因謀諸劉孝廉學海（該志主纂），曰『志不易修，若採訪數十年以來近事，分類記之，作爲續志，其可也。』孝廉曰：『善。』於是出示四鄉紳士耆老，各以見見聞聞源源錄送，而屬孝廉秉筆焉。」是志「歷兩年之久，裒然成集。」趙秉恒「復加校訂，釐爲四卷，體例一遵舊志，惟舊志中昔有而今無者汰之，事同而名分者合之，以歸簡要。復蒙郡伯李靜山都轉，俯賜丹黃，一一刊正，使無遺憾。」〔註 4〕該志主纂劉學海也說：「至修志事，（趙秉恒）則命海先爲校訂。……。爰據四鄉所採訪者，照舊志依類續之，草創而已。若夫討論、修飾、潤色，則皆我牧伯（趙秉恒）裁定之。」〔註 5〕由此可見主修的責任十分重大，他不僅是志書編纂的策劃者，更是作爲組織者，負責主纂者的選拔、資料搜集、綱目制定、編輯、謄寫、校對、集資、付梓刻印等諸多事務。

（二）主纂

主纂（包括總纂、襄纂等）負責布局謀篇，構劃志書體例，組織編寫，乃至文字潤色等具體編纂事宜。志書上署名的有纂輯、總纂、編輯、編輯協修、修纂、纂修、編纂、分纂、編次、修輯、總修、分修等，擔任主纂的有儒學教授、教諭、學正、訓導、進士、舉人、府州縣生員、太學生等等。

如正定府教授趙文濂，擔任（光緒）《新樂縣志》的主纂。署唐山縣教諭杜靄、唐山縣訓導李飛鳴擔任（光緒）《唐山縣志》的主纂。歲貢生夏應麟擔任（光緒）《鉅鹿縣志》的主纂之一。邑廩貢生蔣玉虹，前翰林院編修、浙江進士俞樾擔任（同治）《續天津縣志》的主纂。辛酉科拔貢張豫塏擔任（光緒）

〔註 4〕趙秉恒等修，劉學海等纂：（光緒）《祁州續志》趙秉恒「序，」清光緒元年（1875）修 八年（1882）刻本。

〔註 5〕趙秉恒等修，劉學海等纂：（光緒）《祁州續志》劉學海「序，」清光緒元年（1875）修 八年（1882）刻本。

《保定府志》的主纂等。

再如在外地任職或卸任的本地人，也曾經擔任修志活動的主纂。掌山東道監察御史、前翰林院編修楊晨，擔任（光緒）《定興縣志》的主纂。原任山西曲沃縣知縣陳柱擔任（道光）《南宮縣志》的主纂。翰林院檢討曹涵、分巡山東登萊青道按察使司副使趙晃，擔任（乾隆）《武清縣志》的主纂等。

關於主纂的職責，據（同治）《欒城縣志》記載：

「邑侯陳公（注：該志主修陳泳）奉憲檄修志，開局採訪，命惇（注：該志主纂張惇德）編次。惇學識疏淺，何敢附名修志之列。邑侯謂惇：『邑人也，宜不可辭』。諄命之兼授義例，乃披讀舊志，漏者補，訛者訂，復增續各條，以期詳盡。」〔註 6〕

類似的記載很多。如（光緒）《大城縣志》記載該志主纂劉鍾英「以名選拔，隱居不仕，學博古今，生平著書甚富，尤究心於鄉邦掌故。」曾經「於同治十一年（1872），以所撰大城志稿呈邑侯莊公，公有釐正舊例體裁尤雅之褒，未及付梓，而公歸道山，厥稿遂失。」直至「丁酉（注：光緒二十三年，1897）孟春，鄧公少文，名毓愷，語劉君曰：『志，重典也。大城，劇邑也。自康熙癸丑（注：康熙十二年，1673）張邑侯刊定以來，年踰二百，苟不起而修輯，何以續古往，昭後來歟。』」於是由鄧毓愷出面主持此次修志活動，劉鍾英負責執筆，「遠稽近討，廣搜旁詢。雖殘碑片言，弗敢遺漏。志分十二卷，有圖，有表，有綱目，首天時、地利、象方、建置。政教肇自官師，故政事、職官次之。地因人靈，文章蔚起焉，故選舉、人物、藝苑又次之。祥異、時務，莫不備具。」〔註 7〕

從以上記載中可以瞭解到主纂的職責是十分重要的，主要是根據主修的要求，着手制定體例、類目、考訂史料，再加上執筆撰寫、文字潤色。

（三）其他人員

除了主修、主纂的分工外，一部志書從搜集整理資料，到刻印成書，還有其他人員從事相關工作，其中多屬於技術環節的工作。

如擔任搜集資料的角色，多署名爲「採訪」、「採錄」、「採訪勸輸」、「調

〔註 6〕陳泳修，張惇德纂：（同治）《欒城縣志》張惇德「後序，」清同治十二年（1873）刻本。

〔註 7〕趙炳文、徐國楨修，劉鍾英、鄧毓怡纂：（光緒）《大城縣志》張福堂「序，」清光緒二十三年（1897）刻本。

查」等。擔任編輯的角色，多署名爲「編輯」、「纂輯」、「分輯」、「補輯」、「編次」、「收輯」、「參輯」等。擔任志稿抄錄的角色，多署名爲「謄錄」、「謄寫」、「書手」、「繕寫」等。擔任製圖的角色，署名爲「繪圖」、「測繪」等。擔任志稿文字校對的角色，署名爲「校對」、「校勘」、「校閱」、「校刊」、「同校」、「校勘」、「校讎」、「校字」等。擔任志稿刻印的角色，則署名爲「監梓」、「監刻」、「督刊」「董刻」、「刻工」、「監雕」、「刻字」、「鐫刊」等。承擔這類職責的人多是儒學教官（包括教諭、訓導）、生員，還有縣丞、主簿、典史等地方官員，其中前者佔有較大的比重。

另外在許多直隸方志編修過程中，根據不同的需要，在纂修機構中還設立承擔其他業務的角色。負責收藏圖書、支應錢物等多項事務的人，一般稱爲「總理」、「收掌」等。如（乾隆）《武清縣志》就設置了「收掌」一職。（光緒）《保定府志》卷首「銜名」中，就設置了「總理」一職。負責志書編修經費的籌措、募集工作的人，一般稱爲「勸捐」。如（光緒）《廣平府志》卷首「修纂職名」中，就配備了「勸捐」一職。

在志稿付梓以前，最後的一個程序就是對其內容的審定。而擔任此角色的角色，見於記載的有「鑒定」、「參閱」等名稱。這種鑒定一般由朝廷高官，或者負責本地政務的督撫、三司等品秩較高的官員擔任，主要負責對下級進呈志稿內容的審定工作。

可見清代直隸方志的編修組織是比較嚴密的，從主修、主纂，到搜集整理資料、刻印成書的人員，形成系統化的組織與分工。具有不同政治地位和文化水平的人，各司其職，保證修志活動有序的展開。

第二節　清代直隸方志的編修程序

清代直隸地方志書的編纂活動，是一項系統性很強的工作，其中包括許多環節和流程。

一、資料的搜集、整理

存史是方志的一個重要功能，具備突出的資料性，歷來是方志本身的一個鮮明特徵。因此搜集資料成爲編修方志工作的基礎，也是最重要的工作之一。在清代直隸方志編修過程中，這項工作一般被稱爲「採訪」或者「調查」。搜集對象包括文字資料、實物資料以及故事傳說等口碑資料，其中還涉及到查證、核實、考證等環節，最爲繁瑣和艱苦。如（道光）《安州志》修志機構中除安排採訪人員以外，還配備專職人員承擔「考證稽查」資料的工作，並由「癸酉科選拔、湖南綏寧知縣、郡人顧彧」擔任。

修志是一項系統完備的工程，雖然志書的記述範圍僅限於一個地區，但涵蓋的領域卻十分寬泛，因此從事資料的搜集工作的人員，除必須具備很高的文化素養，還要熟悉本地的地情。而各地的儒學學生正是具備這種條件的人選，因此各地修志的採訪工作一般多由他們擔任。有時爲了體現出對這項工作的重視，還有許多知州、知縣、縣丞、教諭、訓導、典史等地方官員，以及儒學教授等其他人員參與進來。

從上面統計的部分清代直隸方志記載來觀察，其中不少志書設採訪人數占修志總人數一半以上。如（光緒）《唐山縣志》修志總人數爲 49 人，設採訪 38 人，約占 78%；（光緒）《重修曲陽縣志》修志總人數爲 40 人，設採訪 30 人，占 75%；（光緒）《邢臺縣志》修志總人數爲 46 人，設採訪 33 人，約占 72%；（咸豐）《固安縣志》修志總人數 24 人，設採訪 17 人，約占 71%；（光緒）《新樂縣志》修志總人數爲 56 人，設採訪 36 人，約占 64%；（光緒）《蔚州志》修志總人數爲 29 人，設採訪 17 人，約占 59%；（光緒）《吳橋縣志》修志總人數 52 人，設採訪 30 人，約占 58%；（光緒）《鉅鹿縣志》修志總人數爲 67 人，設採訪 36 人，約占 54%。

接近半數也有許多。如（乾隆）《宣化府志》修志總人數爲 48 人，設採訪 23 人，約占 48%；（光緒）《廣平府志》修志總人數爲 58 人，設採訪 19 人，約占 33%；（道光）《保安州志》修志總人數爲 24 人，設採訪 8 人，約占 33% 等。

設採訪人數相對較少的志書，如（乾隆）《永清縣志》修志總人數 73 人，設採訪 4 人，約占 18%；（乾隆）《隆平縣志》44 人，設採訪 5 人，約占 11%。（同治）續天津縣志》修志總人數 38 人，設採訪 1 人，約占 3%等，總體數量相對比較少。僅有三部府縣志書未標明設置採訪人數，占所列舉志書的 10%。總體看來清代直隸大部分志書的編修過程中，資料的搜集整理成爲一項重要的基礎性工作。

二、志稿的謄寫、校正、繪圖

志稿初成，既潦草零亂，錯訛之處也很多，因此需要謄寫和校正。另外還須着手進行繪圖等技術性很強的工作，這些也都屬於方志編修流程中的重要程序。

具體分工是謄寫人負責抄錄，而讎校人員專門負責校閱志稿，改正錯誤。在清代直隸方志活動中，對志書的謄寫、校對和繪圖等環節是十分重視的，署名爲謄錄、繕修、繕書、書手、書寫、校對、對閱、校正、校勘、校閱、校輯、校錄、校讎、校訂、分校等。從事這項工作的主力依然是儒學教官、生員，其它還有一些縣丞、典史、教諭、訓導等地方官員。如（乾隆）《宣化府志》設繕書 1 人，分校 4 人；（乾隆）《滄州志》設校閱 9 人；（光緒）《保安州續志》設分校 1 人，校對 4 人；（光緒）《祁州續志》設謄錄 4 人，校對 2 人；（道光）《南宮縣志》設分校 5 人，謄錄 2 人；（同治）《續天津縣志》設分校 18 人，校錄 3 人；（乾隆）《永清縣志》設謄錄 4 人，校對 2 人，繪圖 2 人；（光緒）《廣平府志》設校勘兼參訂 2 人，校勘兼繪圖 1 人，校對 5 人等。爲強化志稿的校訂工作，有些志書編修者還親自擔任這一角色，如（雍正）《密雲縣志》即由該志主纂陳洪謨親自擔任志稿的校訂工作。

三、志稿的鑒定、梓刻、刊印

志書修成，其稿件還只能稱爲「志稿」，因爲按照清代朝廷的有關規定，還要通過有關上級政府官員，其中包括在外地做官的本地人、在本地做官的外地人、省級的學政，甚至是朝廷高官和地方督撫大員最後的審定，才能刻版印刷。這個環節在志書中經常稱爲「鑒定」，主要負責對下級進呈志稿的審定工作，一般署名爲鑒定、裁定、參閱、監修等。

如《重修保定府志》的鑒定爲直隸總督李鴻章，裁定共六人，多爲三司級高官，分別是漕運總督、前直隸布政使司布政使崧駿，湖南布政使、前直隸按察使署直隸布政使松椿，直隸承宣布政使司布政使奎斌，直隸清河道、署直隸按察使劉樹堂，直隸提刑按察使司按察使陶模，暑直隸分巡保正等處清河道劉汝翼。再如擔任（乾隆）《天津府志》鑒定的共 7 人，分別是兵部尚書兼都察院右副都御史直隸總督李衛，兵部尚書兼都察院右副都御史直隸總督孫嘉淦，都察院僉都御史、直隸總河劉勷，兵部右侍郎兼都察院右副都御史、直隸總河顧琮，通政使司右通政提、督直隸學政錢陳群，長蘆巡鹽御史三保，長蘆巡鹽御史準泰。參閱 6 人，分別爲直隸等處承宣布政使司布政使張鳴鈞，直隸等處承宣布政使司布政使范燦，直隸等處提刑按察使司按察使多綸，直隸天津河巡道、按察使司副使張坦熊，直隸天津河巡道、布政使司參政陳謀，長蘆都轉鹽運使司鹽運使蔣林。因爲滄州在清代隸屬天津府，擔任（乾隆）《滄州志》鑒定的共 10 人，分別爲吏部尚書、署直隸總督史貽直，兵部右侍郎兼都察院右副都御史、直隸總督高斌，都察院右副都御史、提督直隸學政趙大鯨，長蘆巡鹽御史三保，直隸等處承宣布政使司布政使沈起元，直隸等處提刑按察使司按察使多綸，分巡清河道署直隸按察使方觀承，直隸等處提刑按察使司按察使翁藻，直隸天津河巡道、按察使司副使陶正中，長蘆都轉鹽運使司鹽運使倪象愷，全部爲省級品秩比較高的官員。參閱爲 6 人，分別是直隸天津府知府玉麟，直隸天津府知府李鍾淳，天津府河捕通判王綸，署天津府河捕通判侯國樞，長蘆都轉鹽運使通判史尙廉，順德府通判署滄州知州饒佺，都爲府一級的官員。

再如清代直隸各地縣志編修的過程中，有些品秩很高的官員也曾經擔任鑒定的角色。如擔任（乾隆）《永清縣志》監修的是工部右侍郎、提督順天等處學政汪廷璵，擔任（光緒）《定興縣志》鑒定的是兵部侍郎兼都察院右副都御史、陝西巡撫鹿傳霖。儘管對志稿內容的鑒定，在很大程度上僅僅是一種榮譽性的工作，但由於參加鑒定官員人數的增加，官員品秩的提高，在某種程度上還是顯示出清代直隸各級地方政府，對志書編纂工作日益重視的程度。

志書通過有關上級政府官員的最後鑒定，就可以梓刻刊印了。由於一部志書修得再好，如果刻版印刷質量低劣，也會影響志書的整體效果，因此這個環節的重要性同樣是不言而喻的。清代直隸志書編纂過程中，刻版印刷署名爲監梓、督梓、督刊、鐫刊、刻工、刷印、刷卷、監雕等角色，並且一般都由級別很低，甚至未入流的人員出任。如（乾隆）《永清縣志》設「刷卷」10 人，這些人的身份分別爲候補河東河工吏目、吏房書吏、戶田科書吏、戶租科書吏、戶倉科書吏、庫房書吏、禮房書吏、兵房書吏、刑房書吏、工房書吏；刻字 3 人，身份爲刻工。再如（同治）《續天津縣志》設督刊 8 人，身份分別爲四品銜浙江監生、道銜知府用前候補員外、都司銜二品頂戴候選道、同知用前刑部員外、議敘六品銜和六品軍功。

清代直隸方志編修是一項系統十分完備的工作流程，從體例制定、材料搜集、整理、編輯，到編纂完成、志稿審定、刻印出版，涉及到諸多方面的事務，吸引大量擔負不同職責人員的廣泛參與。如何協調好彼此間的關係，順利完成志書的刻印工作，在很大程度上依賴於主修或是主纂者的智慧，考驗他們自身的能力和水平。

第三節　清代直隸方志編修的經費保障

中國歷代修志制度以官修爲主，清代各級政府繼承這一傳統，從而使修志活動逐步走向規範化，並在人力、財物和經費等方面提供充分的保證。同時在一定時期內，由於各地社會經濟發展的不平衡，導致某些區域內志書編纂經費多寡不同，使修志活動受到一定程度的影響和制約，於是民間募資便成爲重要的補充或者輔助手段。這種現象也不同程度，存在於直隸許多地方志書的編修過程中。

一、清代對歷代方志官修制度的繼承

中國歷代方志編修制度從隋唐時期開始發生顯著的變化，就是由私撰爲主轉變爲官修爲主。官修制度的確立，意味着修志活動由政府方面倡導和組織，而不再是屬於個人的行爲。無論是修志者的待遇，還是修志過程中所需要的經費，都能夠得到政府的有力保障。在明代隨着《寰宇通志》和《大明一統志》的編修，中央政府設立了一統志館，並設有總裁、副總裁、纂修等人組成的編修班子，給與相關人員優厚的待遇。

清代不僅繼承了這一套措施，而且進一步強化。「皇上（指康熙帝）御極十一年，大化翔洽，文治振興。乃諭廷臣，請詔天下郡邑各修通志以進，所以徵文考獻，遐覽逖稽，宏無外之規，昭一統之盛也。於是海內邦君大夫，與夫懷鉛握槧之彥，爭自奮厲，靡弗網羅排纘，發凡起例，期蚤勒成書，達尙方乙夜之覽。」〔註 8〕隨後全國各地陸續啓動此項工作，中間雖然因爲平定「三藩之亂」而一度中止，但是仍然取得一定成果，其中比較豐碩的是清康熙二十二年（1683）、二十三年（1684），各地陸續編修出一部分通志和府州縣志。

鑒於方志編纂已經有相當的成果可資利用，清康熙二十五年（1686）中央政府成立一統志館，任命大學士勒德洪、左都御史陳廷敬等 7 人爲總裁官，內閣學士徐乾學等 6 人爲副總裁官，另有 20 人任纂修官，正式啓動《大清一統志》的編纂工作。一統志館的成立，以及朝廷重臣的主持、參與，表明朝廷對一統志編修的愈加重視。

清雍正三年（1725），清世宗爲了推進一統志的編修活動，重組一統志館，

〔註 8〕紀弘謨等修，郭棻纂：（康熙）《保定府志》李蔚「序，」清康熙十九年（1680）刻本，乾隆年間增刻本。

「特簡重臣，敦就功役。」〔註 9〕雍正七年（1729）又定省、府、州、縣志 60 年一修，因此「文化稍高之區，或長吏及士紳有賢而好事者，未嘗不以修志爲務，舊志未湮，新志踵起。」〔註 10〕直至清乾隆八年（1743），初修《大清一統志》342 卷告竣。乾隆四十九年（1784）二修《大清一統志》完成，清道光二十二年（1842）十二月因《重修大清一統志》560 卷的編纂完成，詔令「予歷任提調、總纂、纂修等官議敘有差。」〔註 11〕《大清一統志》編修的啓動與最終告竣，標誌着清代官修志書制度的正式確立，志書編纂經費由政府統一劃撥和調配的傳統得以繼承和強化。

同時方志的官修制度在地方上，也逐步得到貫徹和執行，如在直隸廣平府元城縣在同治年間編修方志時，曾經在縣裏成立「總局」，在四鄉成立「鄉局」，專門辦理修志事務。〔註 12〕這是在前代也是未曾出現過的現象，體現出清代直隸方志的官修色彩，較之以往更加濃厚。

二、經費保障是直隸方志編修活動順利推展的前提

清代直隸方志的編修活動既然以官修爲主，其經費自然離不開中央和地方各級財政的支持。所以在清代直隸各地，充足的財力支持是志書編纂活動得以順利開展的關鍵所在。其中一類志書如乾隆年間的《日下舊聞考》，既然是由皇帝敕令編纂的，所需經費也完全由朝廷直接提供，因而經費應該是充裕的，志書的纂修活動也會得以順利展開。而另一類志書，主要是指由各府、州、縣編纂的志書，由於各地經濟發展水平參差不齊，各地政府所能提供的經費數量不同，其對各地志書編修活動造成的影響是顯而易見的。清代各地修志次數多寡，修志過程是否順利推展，都能夠大致反映出該地方的經濟發達程度。這些主要體現爲兩個方面：

（一）由於經費的原因，各地方志的編修次數多寡差距明顯。在清代直隸部分州縣政治地位特殊，經濟發達，文化繁榮，經費相對充足，因此曾經

〔註 9〕李衛等修，陳儀等纂：（雍正）《畿輔通志》唐執玉「序，」清雍正十三年（1735）刻本。

〔註 10〕梁啓超著：《中國近三百年學術史·清代學者整理舊學之總成績——方志學》，參見朱維錚校注《梁啓超論清學史二種》，上海：復旦大學出版社，1985 年 9 月第 1 版。

〔註 11〕《清宣宗實錄》卷 387。

〔註 12〕吳大鏞修，王仲蛙纂：（同治）《續元城縣志》卷首「續修縣志示，」清同治十一年（1872）刻本。

多次編修、續修方志。如遵化縣（州）最早屬於順天府，在整個清代總共修志六次。其中前兩次是周體觀根據明代萬曆年間遵化志書的版本，於清康熙七年（1668）增輯而成《遵化縣志》十卷，並同時在清康熙六年（1667）另纂一部體例獨特，史料價值很高的《遵化志略》一卷。第三次是鄭僑生和葉向升等在清康熙十五年（1676）遵化由縣升爲州後，編纂的《遵化州志》十二卷，該志是對周體觀《遵化縣志》的續修。第四次是劉靖、邊中寶在清乾隆八年（1743）遵化由州升爲直隸州後，於清乾隆二十一年（1756）纂修《直隸遵化州志》十二卷。第五次是傅修等在劉埥所修志書的基礎上續修，並於清乾隆五十八年（1793）刊成的《直隸遵化州志》。「傅志」較「劉志」門目上進一步擴充，內容上更加豐富，卷數上也由十二卷增加到二十卷。第六次是何崧泰、陳以培、史樸等在清光緒十七年（1891）編纂，並刊行的《遵化通志》六十卷。遵化一地的志書在清代屢次編纂，主要得益於自身特殊的政治地位，朝廷在財政上的支持力度比較大。遵化最早爲縣治，以清世祖梓宮安奉於縣西鳳臺山，由此而後成爲清帝陵寢重地，政治地位特殊，於是由縣升州，再升爲直隸州。因此「陵寢實冠簡端，不得以尋常州志目之。」〔註 13〕遵化州縣志的多次纂修，反映出當地的修志活動十分興盛，修志經費應該相對充裕。

而另外一些州縣修志次數相對很少，修志活動受到限制，其中經費比較拮据應該是其中一個重要的因素。如同屬順天府的大城縣，有清一代只是在康熙十二年（1673）和光緒二十三年（1897）兩度纂修過志書，個中原因「蓋以地瘠民貧，鉅款難籌之故。」〔註 14〕

（二）在清代直隸一些州縣方志編纂活動中，經常由於經費問題而受到困擾，進而影響志書編修刊刻的過程。如（光緒）《欒亭縣志》的纂修過程就是屬於這種情況。

據（光緒）《欒亭縣志》李潤霖介紹，該縣自清乾隆二十年（1755）至同治五年（1866）一百一十多年間，未曾修志。直到蔡志修於同治四年（1865）冬擔任該縣知縣，「當戎馬倥傯際，以重修邑志見委。霖不敏，弗敢自任，復以鄉邦重務，義所難辭，爰趨商於史香厓先生，先生欣然允從。於是發啓四

〔註 13〕何崧泰、陳以培修，史樸等纂：（光緒）《遵化通志》史樸「敘傳，」清光緒十七年（1891）刻本。

〔註 14〕趙炳文、徐國楨修，劉鍾英、鄧毓怡纂：（光緒）《大城縣志》劉鍾英「序，」清光緒二十三年（1897）刻本。

方，廣為採訪，考獻徵文，按類編次。先生主其事，霖亦襄贊其間，並各出貲延人分繕。自春徂冬，八閱月而稿具。蔡公方擬捐貲付梓，乃未幾調高陽去。越明年，回任旋歸道山，郃陽王公斗坪繼之，又以志稿為通志局所留，未果梓。迨合肥陳公序東由臨榆調攝樂篆，霖於公謁時言及之，陳公意極躍然，適值太守游公以捐修城工至樂，並邀香匡先生纂修郡志，乃將志稿取還，撥府局捐款五百金作剞劂費。霖與諸同人遞加校勘，時幾兩載而書乃告成。夫縣志一書非甚繁重也，甲子重周，無人過問，至蔡公始倡之，至游公始成之，中更兩令尹，時閱十一年。」〔註 15〕是志的編修過程可謂是一波三折，曠日持久。其編修活動雖然是由政府組織，但因主修人選經常發生變動，導致志書的刊行一再拖延，最終由永平府的修志機構撥付五百兩黃金，作為刻印的經費，使志書得以刊印。

正定府井陘縣則是自清雍正八年（1730）至同治十二年（1873），一百四十餘年間久未曾修志，志書編修基礎薄弱。再加之當地經濟發展落後，「山邑荒僻，土瘠民貧，籌款維艱，因循未果」，導致修志活動無從展開，也是一個十分重要的原因。直至清同治十二年（1873）「屢奉憲檄催修縣志，以備《畿輔通志》采擇。仲冬下浣府學博士趙君鯉門又奉府憲嚴劄，赴縣督催。趙君博學多聞，長於著述，曾蒙局憲劄委，總理十四屬志書者也。同官年久，心契最深。作何纂修，商之趙君。且以籌款艱難，婉辭以告。趙君曰：『板尚存否乎？』余曰：『板尚完好。』趙君曰：『如此則續修可也，無需重新翻刻矣。』因取舊志，詳加指示，若者當因，若者當革，訛者正之，缺者補之，務求實迹，不尚繁文，筆墨簡矣。」因此「刊刻印刷之工，亦與之俱簡矣。庶幾經費易給，而捐輸亦易為力乎。」〔註 16〕縱觀清代井陘縣修志活動，經費問題長期成為困擾修志活動順利開展的一個主要瓶頸，體現為一方面修志次數較少，前後僅為區區兩次；另一方面在方志編修過程中經費捉襟見肘，在許多環節中只能設法因陋就簡，壓縮支出。

三、清代直隸修志的資金來源

清代直隸地區各地方志能夠一修再修，在很大程度上得益於官修制度的

〔註 15〕蔡志修等修，史夢蘭纂：（光緒）《樂亭縣志》卷末 李潤霖「跋，」清光緒三年（1877）刻本。

〔註 16〕常善修，趙文濂纂：（光緒）《井陘縣志》常善「序，」清光緒元年（1875）刻本。

保障，以及各級地方政府的努力倡導和組織。

清代直隸地區地方志的編修，在組織形式上執行中央政府的官修制度。其中部分志書本身就屬於直接由朝廷組織班子進行編纂，如清乾隆三十九年（1774）由乾隆帝欽命廷臣增補重修，由清初名士朱彝尊所輯有關北京地區地理風俗內容的志書《日下舊聞》。由于敏中、英廉任總裁，竇光鼐、朱筠任總纂，於清乾隆五十年（1785）至五十二年（1787）刻版成書。朱氏原書共四十二卷，是一部關於今天北京的都邑志。《日下舊聞考》編次仍然沿用《舊聞》的分類，新增加了部分內容，並對原書中的錯訛之處進行了考訂，數量比原來增加了三倍，達到一百六十卷。是書雖然沒有題名爲「志」，但無論從形式，還是到內容，都是一部迄今所見清代官修的規模最大，編輯時間最長，內容最爲豐富，考據最爲翔實有關北京的史志性文獻。

在整個清代直隸修志的過程中，官修制度決定經費來源的主渠道。通過由各級政府主持修志活動，所需的資金理應主要由政府提供。但由於清代各地社會經濟發展水平參差不齊，某一時期或某些州縣的志書編纂活動，受制於地方經費不足的問題，只得設法尋求民間捐資的方式，作爲解決問題的補充和輔助的手段。

清初由於封建國家的社會經濟正處於恢復期，雖然修志活動爲政府所積極倡導和主持，但是由於不少地方相關經費有限，志書編修受到一定程度的制約。於是在直隸一些地方的修志活動中，民間（主要是部分地方官員和士紳）捐資曾經過發揮一定的輔助作用。如在清康熙十一年（1672），河間府靜海縣志書編修經費遇到困難，於是「閻公（注：該志主修、知縣閻甲胤）率屬捐俸，紳士樂輸，丹黃梨棗，不費蔀屋一錢。」〔註 17〕而河間府所屬獻縣於清康熙十二年（1673）編修志書時，該志主修劉徵濂和主纂鄭大綱「隨相與聚紳衿，諮耆舊，詢黃髮，廣搜博訪，得邑中數十餘年事而增修之。上下考訂，信者載，疑者闕。有關政教者不厭詳，無益民生者多所略。且每具一稿，侯加意校核，潛心損益，即一字一句不敢涉僞。稿既脫，侯募梓鳩工，度費捐俸，以資剞劂，不數旬而工告竣。」〔註 18〕說明該志在刊印成書的過程中，也曾經通過捐資的方式解決經費不足的問題。保定府曲陽縣康熙年間

〔註 17〕閻甲胤修，馬方伸纂：（康熙）《靜海縣志》馬方伸「跋，」清康熙十二年（1673）刻本。

〔註 18〕劉徵廉修，鄭大綱纂：（康熙）《獻縣志》鄭大綱「後序，」清康熙十二年（1673）刻本。

編修志書，「草創於壬子（注：康熙十一年，1672）夏五，增刪考證凡四，閱月而志乃定。至於紙筆剞劂之訾，皆自捐俸薪。」〔註 19〕可以看出捐資修志的現象，這一時期在直隸一帶並不鮮見。

從康熙朝中期開始，伴隨着封建國家政治日益穩定，社會經濟逐漸進入發展階段，國力明顯增強，直隸各地的修志活動日益繁榮，文獻中所反映民間捐資修志的現象相對較少，說明當時在直隸各地修志經費中政府出資佔據了較大的比重。到了晚清（主要是從同光兩朝開始），文獻中記載民間捐資修志現象的內容再度增加，說明晚清時期隨着封建國家的國力逐步衰弱，經濟凋敝，雖然直隸各地政府仍然在積極倡導本地的修志活動，但由於清朝綜合國力的下降，政府財政虧空日益擴大，修志經費短缺的問題再度凸顯。如（同治）《廣宗縣志》主修羅觀駿曾經談到該縣的修志情況：「己巳（注：同治八年，1869）夏余蒞斯土，簡邑乘，慨然有編輯之志，然旱澇頻仍，日不暇給。癸酉（注：同治十二年，1873）秋年豐人和，治理粗張，爰以簿書餘閒，網羅散佚，與學博胡君，光緒劉君香集都人士，謀捐資重修事。」〔註 20〕最後統計此次捐資修志活動，共有 31 人，1 個企業參與，募得白銀 343 兩，從而使志書得以順利編纂完成。〔註 21〕說明在清代直隸特殊的社會環境下，民間捐資在修志活動中曾經再度發揮過重要的輔助作用。

四、清代直隸捐資修志者的組成

清代直隸方志編修活動中捐資者的組成比較複雜，其中既有個體，還有企業或團體。

1. 個體捐資

清代直隸方志編修活動中捐資者絕大部分爲個人，而這些個體捐資者中包括政府官員、地方紳士和儒學學生，以及其它一些社會成員。

（1）官員

這些人主要是一些地方官員，如知府，以及六部主事、知縣、州同、同知、典史、教諭、訓導、縣丞、經歷、千總、把總、文林郎、奉議大夫等一

〔註 19〕劉師峻纂修：（康熙）《曲陽縣新志》卷首「凡例，」清康熙十一年（1672）刻本。

〔註 20〕羅觀駿修，李汝紹纂：（同治）《廣宗縣志》羅觀駿「序，」清同治十三年（1874）刻本。

〔註 21〕羅觀駿修，李汝紹纂：（同治）《廣宗縣志》卷首「捐資姓名，」清同治十三年（1874）刻本。

些品秩較低的官員。如在光緒年間保定府祁州修志過程中，奉天昌圖府知府趙受璧捐資一百弔，戶部主事加郎中銜沈鳴珂，山東武定府惠民縣知縣楊倬雲，山西嵐縣知縣李榮和各捐白銀十五兩。〔註 22〕在清光緒三年（1877）宣化府蔚州的修志活動也是出現了類似的現象，在那裡地方各級官員踴躍捐資。其中經歷馮全勳捐錢八十千，縣丞張晉錫捐錢八十千，御前侍衛馮瑞捐錢五十千。州同胡文熾、趙安福各捐錢五十千，州同張青梅捐錢三十千，營千總康增盛捐錢五十千，同知劉彥碩捐錢五十千，文林郎高錫齡捐錢五十千，奉議大夫賈永煊捐錢三十千，知縣任閬捐錢二十千，典史劉品題、宋耀章各捐錢二十千。〔註 23〕可以看出地方官員在清代直隸各地捐資修志的過程中，曾經發揮了重要的表率作用。

另外作爲志書編修活動的組織者和主要參與者，各地方志的主修、主纂等也是捐資修志活動的倡導者。如在清光緒年間順天府大城縣的修志過程中，「歲丙申（注：光緒二十二年，1896）四月，我父母蔚然趙公（注：該志主修之一，知縣趙炳文）蒞任下車之日，百廢具舉，尤拳拳於志乘，謀諸邑紳，則有五品銜鄧毓愷，六品銜鄧汝洋，高邑教諭王玉麒身肩其事，自立志局，自備資斧，任採訪者皆徒步往返百餘里，間雖酷暑祁寒，不辭況瘁。訖事不費闔邑一錢，誠千古未有之義舉也。」〔註 24〕「大城縣志刊板之費，先有特授東安署理大城縣蔚然趙老父臺，詳請借積穀盈餘生息一半五百六十弔，又捐俸助銀五十兩。特授大城縣贊廷徐老父臺捐俸助銀五十兩。」「重修縣志二年之久，總局、分局一切經費用銀二百五十兩，均繫鄧毓愷、王玉麒二公攄墊辦。」〔註 25〕在該縣修志的過程中，各位主修、主纂以身作則，設法通過多種渠道解決修志經費短缺的問題。

（2）地方紳士

地方紳士不僅是清代直隸各地方志編纂過程中重要的參與者，還是捐資修志活動主力軍。如順德府唐山縣在光緒年間編修志書時，因爲當地素

〔註 22〕趙秉恒等修，劉學海等纂：（光緒）《祁州續志》「修志職名，」清光緒八年（1882）刻本。

〔註 23〕慶之金修，楊篤纂：（光緒）《蔚州志》「捐資助刊姓氏，」清光緒三年（1877）刻本。

〔註 24〕趙炳文、徐國楨修，劉鍾英、鄧毓怡纂：（光緒）《大城縣志》劉鍾英「序，」清光緒二十三年（1897）刻本。

〔註 25〕趙炳文、徐國楨修，劉鍾英、鄧毓怡纂：（光緒）《大城縣志》「助刊縣志善士芳名，」清光緒二十三年（1897）刻本。

來經濟發展落後，「地瘠民貧，遇公事幾難措手。」因此「此次修志係本縣捐廉雇工構料，不擾紳民，內有紳士李三傑、王廷學、薛金城曾經出資助工，茲亦不拒以成其美，設局閱十月而成稿。紳士之終始其事者，志行惇篤，各奏爾能，均有功於此志。」〔註 26〕廣平府知府吳中彥在該府修志過程中，曾經於清「光緒壬辰（注：十四年，1892 年）冬月捐廉爲倡，又幸十屬富紳慷慨樂輸，共襄此舉，乃頒發採訪條款，分飭各牧令學官隨時搜羅，詳送備錄。」〔註 27〕可以說地方紳士是清代直隸捐資修志活動的重要力量。

（3）儒學學生

各府、州、縣儒學生員作爲文化層次較高的代表人物，既是本地志書編纂活動的中堅力量，又是捐資修志人數最多的成員。如同治年間順德府廣宗縣在纂修志書時，在參加捐資活動的 31 名個體成員中，拔貢、武童、貢生、監生、文生、武生、廩生共有 25 人，占總人數的 80%以上。〔註 28〕又如清光緒二年（1876）正定府贊皇縣在纂修志書時，參加捐資的共計 27 人，其中武舉、廩貢生、附貢生、癢生、武癢生、監生有 26 人，占總人數的 96%以上，數量更爲可觀。〔註 29〕

（4）其它人士

除了地方官員、紳士、儒學學生等參加捐資修志活動外，許多地方還有一些身份不詳的人士。如在清光緒二十三年（1897）順天府大城縣的修志過程中，「本邑樂善之士如劉淞年助銀一百兩，鄧汝淞助銀一百兩，王玉麒助銀一百兩，馬潤東助銀一百兩，王增翺助銀三十兩，郝榮會助銀十兩，郝成祥助銀十兩，王立元助銀八兩，王元傑助銀五兩，郝瑞樵助銀五兩，葉尚儉助銀二十五兩，李英泰助銀一百兩，黃岔修德堂郝助銀五兩。」〔註 30〕說明在

〔註 26〕蘇玉修，杜靄、李飛鳴纂：（光緒）《唐山縣志》卷首「凡例，」清光緒七年（1881）刻本。

〔註 27〕吳中彥修，胡景桂纂：（光緒）《廣平府志》吳中彥「序，」清光緒二十年（1894）刻本。

〔註 28〕羅觀駿修，李汝紹纂：（同治）《廣宗縣志》卷首「捐資姓名，」清同治十三年（1874）刻本。

〔註 29〕周晉堃等修，趙萬泰等纂：（光緒）《贊皇縣志》卷首「續修贊皇縣志姓氏，」清光緒二年（1876）刻本。

〔註 30〕趙炳文、徐國楨修，劉鍾英、鄧毓怡纂：（光緒）《大城縣志》「助刊縣志善士芳名，」清光緒二十三年（1897）刻本。

清代直隸許多地方捐資修志活動中，都體現出「全民修志」的特點，曾經吸引了社會各階層人士的積極關注和參與。

2. 群體捐資

在清代直隸方志的編修活動中，除了個體捐資外，還有群體捐資。

（1）企業

清代直隸各地不少企業參加捐資修志活動。如參加（同治）《廣宗縣志》捐資修志活動的三十二名成員中，除了 31 名個人外，還有一位企業成員，「斥漳廠捐銀 50 兩。」〔註 31〕參加（光緒）《蔚州志》捐資修志活動，除了不少個體成員，還有「城鄉當行捐錢二百千，城鄉貨行捐錢二百千。」〔註 32〕參加（光緒）《豐潤縣志》捐資修志活動的除不少個體成員，尚有「同泰鹽店八十兩，公當行一百六十兩，燒鍋行一百兩」等企業捐資活動。〔註 33〕這些情況表明當時在清代直隸地區，編修志書曾經成爲一項很有意義的公益事業，贏得社會各界的廣泛支持。

（2）寺院

清代直隸各地群體捐資修志活動中除了許多企業外，還有許多寺院。如光緒年間保定府望都縣捐資修志活動中，就有當地不少寺院參加。「寺觀：北龍堂悟山四兩，固店、北合、陽邱三處四兩，唐灰大興寺四兩，東嶽廟眞蘭一兩，小紅寺悟雲五錢，羊青莊興國寺海變五錢，白嶽清涼寺三錢，西黒堡興國寺三錢，藥王廟、娘娘廟三錢，蘇家疃娘娘廟三錢，邱莊龍泉寺二錢，常早性通一兩，三堤盡恩寺三錢，十里鋪娘娘廟三錢。」〔註 34〕這些說明修志活動作爲一項公益事業，在清代直隸各地已經是深入人心了。

五、清代直隸修志過程中的捐資方式

清代直隸各地捐資修志活動的捐贈方式主要以白銀爲主。如（同治）《廣宗縣志》記載該縣志書捐資情況，全部爲白銀：鄭元善捐銀一百兩，賀廷璋

〔註 31〕羅觀駿修，李汝紹纂：（同治）《廣宗縣志》卷首「捐資姓名，」清同治十三年（1874）刻本。

〔註 32〕慶之金修，楊篤纂：《蔚州志》「捐資助刊姓氏，」清光緒三年（1877）刻本。

〔註 33〕郝增祜、牛昶煦纂修，周晉堃續纂修：（光緒）《豐潤縣志》卷首「捐輸姓氏，」清光緒十七年（1891）刻本。

〔註 34〕陳洪書原本，李兆珍重修，陸寶善續修：（光緒）《望都縣新志》卷十「助梓姓氏，」清光緒三十年（1904）刻本。

捐銀十五兩，郭懷珍捐銀十二兩，張修、王儒林、張治馨、張西江、王國璋、呂上澤各捐銀十兩，李憲章、李汝棠各捐銀九兩，王書堂、常淩霞各捐銀八兩，呂文纛捐銀七兩，白玉德、景士醇、景士敏、喬雲亭、高心田各銀六兩，李汝紹、牛維垣、尹廷柱、劉仲、陳肅容、蕭喜孔、傅宗先、張維天、張雲會、趙大鈞、高文章、牛承謙各捐銀五兩，斥漳廠捐銀五十兩。〔註 35〕而（同治）《蔚州志》記載該州捐資修志，同樣全部爲白銀，其中：康鳳來、亢文煒、韓亢文煒等十八人各捐錢八十千，康秉熺、馮瑞、張仁等十九人各捐錢五十千，馬德元、田柏林、任濤等 24 人各捐錢三十千，張作梅、任闓等各捐錢二十千，正堂慶籌捐大錢七百五十千。〔註 36〕

除了捐贈白銀外，還有一些捐贈修志物資或者設備的情況。如清康熙五十八年（1719）順天府順義縣捐資修志，莊頭羅士敏「捐刻志板。」〔註 37〕

民國間方志名家傅振倫曾經說：「過去修志經費，出之公帑者有之，令長捐廉者有之，紳民樂輸者有之。」〔註 38〕這些基本涵蓋了清代直隸方志編修中的資金籌措渠道和方式。但這裡需要補充的是前者作爲主渠道，後兩者僅僅作爲一種輔助手段，是對清代直隸地方志官修制度主體進一步的補充和完善。

清代直隸某些時期部分地區由於修志經費困難，而出現的民間募資修志活動，曾經吸引了社會上下各階層的廣泛關注。他們參與的積極性高，捐資方式多樣，數量不等，但對於對當地志書編修活動的順利推展，的確發揮了不可或缺的作用。以官爲主，官民結合成爲清代直隸方志編修經費的重要來源。

〔註 35〕羅觀駿修，李汝紹纂：（同治）《廣宗縣志》卷首「捐資姓名，」清同治十三年（1874）刻本。

〔註 36〕慶之金修，楊篤纂：（光緒）《蔚州志》「捐資助刊姓氏，」清光緒三年（1877）刻本。

〔註 37〕黃成章、張大酋修纂：（康熙五十八年）《順義縣志》卷一「捐修志書姓名，」清康熙間刻本。

〔註 38〕傅振倫：《中國方志學通論》第 106 頁，上海：商務印書館，民國二十四年（1935）十二月出版。

第二章　清代直隸方志的體例、文風與種類

第一節　清代直隸方志的體例與文風

在明代北直隸方志纂修的基礎上，清代直隸秉承中國歷代的修志傳統，依託於本地經濟的恢復和發展，文化事業的日益繁榮，加上中央政府對各地修志活動的不斷推動，方志編修活動逐步推展。隨着方志編纂理念的逐步確立，編纂方法和體例結構也日益規範化，從而帶動志書整體的編纂水平不斷提高。

一、直隸方志的體例

清代直隸方志體例的制定，除了遵循大清一統志體例的原則外，還注意參考其他區域志書的體例特點，因地制宜，制定適合本地志書的門目。

（一）《大清一統志》的編纂與直隸各地修志活動的展開

自清代康熙朝開始，歷經雍正、乾隆，至嘉慶朝，清廷曾經先後三次下令大清一統志，這種行爲直接推動直隸各類方志編纂活動的展開，並對其體例結構、編纂理論等方面產生了一定的影響。

1.《大清　統志》的三度編修

清代全國各地方志的興盛，與清朝皇帝指令性政策的推動具有直接的關係。以《一統志》的纂修爲例，《一統志》的纂修源於元朝，元、明兩代只各修一次，而清代曾經三修一統志，表明清朝皇帝對修志的重視程度。

大清一統志的編修活動的開展，根植於通志的編修。通志的編修，則立足於各府、州、縣志的大量纂修。「省既開館，延文學之士以讎撖之外，而各府、州、縣皆同時興舉，」〔註1〕其模式在許多方面都是參照《大清一統志》來運作的。

早在清順治十八年（1661），河南巡撫賈漢復就編修了《河南通志》計50卷，分爲三十門，各門並列。計：圖考、建制沿革、星野、疆域、山川、風俗、城池、河防、封建、戶口、田賦、物產、職官、公署、學校、選舉、祠祀、陵墓、古迹、帝王、名宦、人物、孝義、烈女、流寓、隱逸、仙釋、方技、藝文、雜辨。本志書進呈朝廷後，便得到好評，被贊「條理精備」，爲此「康熙中嘗頒諸天下以爲式」，朝廷命令各省一律按此發凡起例，定下程序。〔註2〕賈漢復改任陝西巡撫後，又編修《陝西通志》，體例基本仍然仿照《河南通志》。於是「康熙間聖祖命儒臣開館纂修《明史》，特命督撫各修省志，其成式一以賈中丞秦、豫二志爲準。」〔註3〕清康熙十一年（1672），清廷爲加快纂修《大清一統志》的速度，「敕下直省各督撫，聘集夙儒名賢，接古續今，纂輯成書，總髮翰林院，彙爲《大清一統志》。」〔註4〕

雍正帝即位後，曾經「因一統志歷久未成，復詔各省纂修通志，仍如前式，」督促加快這項工作。〔註5〕因此許多封疆大吏抓緊開展修志活動，除了編修省志，還飭令所屬府州縣廳各修志書。清雍正七年（1729年）更是頒佈「各省、府、州、縣志六十年一修之令，」足以說明清廷對編修方志工作的重視程度。〔註6〕

〔註1〕陳釗鏜修，李其馨等纂：（道光）《趙州志》「舊序」張允隨「序，」民國二十六年（1937）石印本。轉引自巴兆祥《方志學新論》第117頁，上海：學林出版社2004年6月第1版。

〔註2〕田文鏡等修，孫灝等纂：（雍正）《河南通志》，參見紀昀等撰：《欽定四庫全書總目》卷68「史部24 地理類1，」北京：中華書局，1997年1月第1版第942頁。

〔註3〕徐時作修，胡淦等纂：（乾隆）《滄州志》卷首「凡例，」清乾隆八年（1743）刻本。

〔註4〕萬邦維修，衛元爵等纂：（康熙）《萊陽縣志》卷首「奉上修志檄文，」清康熙十七年（1678）刻本。

〔註5〕徐時作修，胡淦等纂：（乾隆）《滄州志》卷首「凡例，」清乾隆八年（1743）刻本。

〔註6〕梁啓超：《中國近三百年學術史》第334頁，天津：天津古籍出版社，2003年5月第1版。

乾隆初年編修一統志的工作繼續進行，至清乾隆八年（1743）始告完竣，共 342 卷，於次年頒行，這是清朝的首部一統志。其書體例確立為：「每省皆先立統部，冠以圖表。首分野，次建置、沿革，次形勢，次職官，次戶口，次田賦，次名宦，皆統括一省者也。其諸府及直隸州又各一表，所屬諸縣繫焉。皆首分野，次建置沿革，次形勢，次風俗，次城池，次學校，次戶口、次田賦，次山川，次古迹，次關隘，次津梁，次堤堰，次陵墓，次寺觀，次名宦，次人物，次流寓，次列女，次仙釋，次土產。各分二十一門。」第二次編修一統志活動緣於邊疆諸部的內附，而造成府州縣的分併改隸，與舊制多有不同。此次修志活動始於乾隆二十九年（1764），至乾隆四十九年（1784）書成，共 424 卷，通計子卷則 500 卷。「門目仍其舊，而體例加詳。」〔註 7〕第三次自清嘉慶十六年（1810）重修，至清道光二十二年 （1842）完成，共 560 卷。因其斷限於嘉慶二十五年（1820），故稱《嘉慶重修一統志》。是志仍襲前例，按省、府州、縣三級敘述，每省下設統部，綜述一省之建置、沿革、戶口、田賦、職官、名宦。各省府皆繪地圖，列建置沿革表。體例仍然主要沿襲舊志，並根據形勢的變化而有所調整，其中府州縣列目增至二十七目，所增者為圖、表、疆域、稅課、職官、祠廟。

大清一統志的三次編修，直接帶動清代直隸府州縣各級志書的纂修。因為府州縣方志是省志的基礎，而省志又是一統志的根基。凡省級的通志，以及各地府、州、縣志的大量纂修，在許多方面都是參照《大清一統志》模式來運作的。

2. 清代直隸各地修志活動的熱絡

《大清一統志》的編修，對清代各地方志普遍編修的影響是十分明顯的。據不完全統計，從清康熙十一年（1672）到清道光二十二年（1842）一百七十年間，共修成省、府、州、縣志 3201 種，其中三部一統志纂修期間約纂修有 2519 種，約占現存清代方志 4889 種的 52%。而其中直隸各地又共有 203 種，約占現存全國總數的約 8%，約占現存清代直隸方志數量的 40%以上。在《大清一統志》一修（清康熙十一年（1672）～清乾隆八年（1743））期間，共 171 種；《欽定大清一統志》二修（清乾隆三十年（1765）～49 年（1784））期間，共 13 種；《嘉慶重修大清一統志》三修（清嘉慶 6 年（1801）～清道

〔註 7〕紀昀等撰：《四庫全書總目》卷 68「史部 24．地理類 1，」北京：中華書局，1997 年 1 月第 1 版。

光 22 年（1842）），共 19 種。〔註 8〕

另外在三修《一統志》纂修的間隙，也不斷有志書鋟梓。它們也應該被視爲《一統志》編纂影響下的產物，因爲修志作爲一種文化活動，不可能一蹴而就，必須具有一定時間的積累和編纂過程。在此期間直隸二修志書的地方十分普遍，甚至二修以上的也不鮮見。如王鶴、薛琇等在清康熙十九年（1680）纂修《行唐縣新志》十二卷，張振義、王正固等在清乾隆九年（1744）再次纂修《行唐縣志》十二卷，吳高增在清乾隆二十八年（1763）又一次纂修《行唐縣新志》十六卷。再如深州在清代前後五次修志，其中第一次是李天培、段文華於清康熙三十六年（1697）纂修《深州志》八卷，第二次是徐綬於清雍正十年（1732）纂修《直隸深州志》八卷，第三次是伊侃、鄒雲城於清乾隆二十一年（1756）纂修《直隸深州總志》二十卷首一卷，第四次是張范東、李廣滋於清道光七年（1827）纂修《深州直隸州志》十卷首一卷末一卷，第五次是吳汝綸於清同治十年（1871）纂《深州風土記》二十二卷附表五卷。可以說正是《大清一統志》的三次編修，直接帶動了直隸各地志書的編修活動。

（二）清代直隸方志纂修體例的逐步完善

在三修《大清一統志》期間，各省不斷下令屬下府州縣趕修方志，故一如元、明二代，因纂修《一統志》促進各地編修方志的風氣日盛。在這種氛圍的直接影響下，清代直隸方志編修不僅數量大幅增加，而且體例也日趨完善。

1. 清代直隸方志編纂體例的日益規範

從康熙朝到乾隆朝，不少清代直隸方志的體例直接受到大清一統志的影響。如關於門目的設置，即是如此。如由朱世璋在清康熙十一年（1672）纂修的（康熙）《永年縣志》，清雍正七年（1729）由唐執玉、李衛修，陳儀、田易纂的（雍正）《畿輔通志》；清乾隆八年（1743）由徐時作修，胡淦等纂的（乾隆）《滄州志》等部分直隸方志的門目設置，都是直接參照賈漢復的《河南通志》、《陜西通志》款式，全都採用朝廷認可的平目體。康熙間清聖祖曾經「特命督撫各修省志，其成式一以賈中丞（賈漢復）秦、豫二志爲準。雍正間，世宗因《一統志》歷久未成，復詔各省纂修通志，仍如前式。是恪遵功令，不敢因仍舊志，昭法守也。」〔註 9〕另一部分方志則採用綱目體，如（雍

〔註 8〕巴兆祥：《方志學新論》第 120 至 121 頁，上海：學林出版社，2004 年 6 月第 1 版。

〔註 9〕徐時作修，胡淦等纂：（乾隆）《滄州志》卷首「凡例，」清乾隆八年（1743）

正）《館陶縣志》「體裁悉遵《一統志》，《山東通志》供采輯也。綱目率以府志爲標準，稍加通變者，事有輕重詳略耳。」〔註 10〕其它如牛一象、杜立德修，張嘉生纂（康熙）《寶坻縣志》；劉徵廉修，鄭大綱纂（康熙）《獻縣志》所採用的體例都是如此，僅僅增加了公署、選舉、鹽政、兵防、孝義、隱逸、方技、藝文、官制、官籍、武備、循良等一些門類，或個別門類的改稱、歸屬，以及順序的調整，可見《大清一統志》編修對直隸方志體例產生的影響是十分深刻的。如表 3-1 所示：

表 3-1　《大清一統志》與清代直隸部分方志類目對照表

《大清一統志》	（雍正）《畿輔通志》	（康熙）《永年縣志》	（雍正）《館陶縣志》	（乾隆）《滄州志》
圖表	圖考 詔諭 宸章 京師		圖考	
分野	星野	星野	輿圖志（沿革、分野、疆域、山川、風俗、御迹、封爵、古迹、陵墓　物產）	星野
山川	山川	山川		疆域（形勝、山川、村莊）
建置沿革	建置沿革 形勝疆域	建置 疆域	建置志（城池、官署、倉廠、鋪舍、津梁、堤防坊表、鄉圖）	建置（城池、公署、驛遞、鋪舍、坊表、道路、坊集、津梁）
形勢		沿革		沿革
風俗	風俗	風土		禮制（風俗附）
	選舉	選舉	選舉志（薦辟、進士、鄉舉、歲貢、恩拔附例貢、例監附武科、貤封、恩蔭）	選舉

刻本。

〔註 10〕趙知希纂修，張興宗增修：（雍正）《館陶縣志》卷首「凡例，」清光緒十九年（1893）刻本。

城池	城池			
	公署			
學校	學校	學校	學校志	學校
職官	職官	秩官	職官志（縣令、縣丞、主簿、典史、教諭、訓導）	職官
戶口	戶口		賦役志（田賦、戶口，鹽課驛政附）	賦役
田賦	田賦	田賦		
	倉廒			
	鹽政			鹽政
	兵制	兵紀		兵防
古迹	古迹	古迹		古迹（冢墓附）
關隘	關津			
津梁	驛站			
堤堰	水利營田、河渠	水利		
陵墓	陵墓			
寺觀	祠祀、寺觀	壇祠	祀典志（壇壝、祠廟）	祠祀（壇壝、祠廟、寺觀附）
土產	物產			物產
名宦	名宦、封爵	宦績	名宦志	
人物 流寓 列女 仙釋	人物（先哲、名臣、政事、忠節義烈附、儒學、文翰、卓行、高逸、藝術、流寓、仙釋、列女）	人物	人物志（孝義、節烈附）	人物（名宦、宦績、武功、忠義、儒林、文學、孝友、義行、隱逸、寓賢、方技、仙釋、后妃、烈女、節孝、賢淑）
	藝文（詔令、疏狀、表劄、策、議、論、記、序、書、傳、碑、誌銘、墓表、祭文、考、辯、說、跋、箴、銘、頌、贊、賦、詩）	藝文	藝文志（文類、詩類）	藝文（誥敕、奏疏、表、碑文、序、傳、記、雜著、賦、詩、詩餘）
		災祥、雜誌	雜誌（寺宇、災祥、兵警、採異）	紀事、遺聞

不少清代直隸方志編修過程中制定體例時，在除了遵循《大清一統志》體例範式的前提下，還注重結合本地舊志和外地志書的體例情況，制定和增加適合本地志書編纂需要的類目。如河間府獻縣在清康熙十二年（1673）纂修志書，體例設置上「縣志舊依《一統志》，今仍之，餘並參考群書，略加損益。」〔註 11〕順天府霸州在清康熙十三年（1674）編修方志時，其體例也是「謹依一統志規式尊制也，餘並參考群書及州舊志，略加損益。」〔註 12〕清雍正年間山東東昌府館陶縣（今屬河北邯鄲市）在纂修志書時，體例要求則是「志書體裁悉遵《一統志》，《山東通志》供采輯也。綱目以府志爲標準，稍加通變者，事有輕重詳略耳。」〔註 13〕而清光緒年間順德府鉅鹿縣志在修志過程中，「直省縣志首推靈壽，義例、體裁悉臻允協。茲編奉爲楷模，參以《畿輔通志》、《順德府志》，並鄰縣廣宗、南宮各志，略加變通，務期綱舉目張，有條不紊。」〔註 14〕記述該志以《靈壽縣志》的體例爲綱，並參考《畿輔通志》、《順德府志》，以及鄰縣廣宗、南宮志書體例設置的情況，並結合本地實際，制定適合自身的體例。

還有一部分清代直隸州縣能夠因地制宜，設綱立目。如定州直隸州卜屬曲陽縣根據本縣「縣志體例舊本諸家非失之簡陋，即過於繁蕪」的情況，參考「近洪亮吉之涇縣、淳化，孫星衍之三水，武億之偃師、安陽，李兆洛之鳳臺，董祐誠之長安，各縣志俱稱善本。今參用其法，因地之宜，爲圖、表、記、考、錄、傳六門以統之。」〔註 15〕這些成爲當時志書編纂的一大特色，並且在不少清代直隸方志的編修中得以顯現出來。如順天府通州歷來作爲京都門戶，戰略位置十分重要，因此（康熙）《通州志》特編卷六「兵防志」，其內條目分別爲：鎮衛、兵馬、屯營、分防、添設部院、添設監司、添設同知、武功、名將、牧圉。同時通州又爲清代糧秣、貢品進京要道，特置卷三

〔註 11〕劉徵廉修，鄭大綱纂：（康熙）《獻縣志》卷首「凡例，」清康熙十二年（1673）刻本。

〔註 12〕朱廷梅修，孫振宗纂：（康熙）《霸州志》卷首「凡例，」清康熙十三年（1674）刻本。

〔註 13〕趙知希纂修，張興宗增修：（雍正）《館陶縣志》卷首「凡例，」清光緒十九年（1893）刻本。

〔註 14〕淩燮修，赫慎修、夏應麟纂：（光緒）《鉅鹿縣志》卷首「凡例，」清光緒十二年（1886）刻本。

〔註 15〕周斯億、溫亮珠修，董濤纂：（光緒）《重修曲陽縣志》卷首「凡例，」清光緒三十年（1904）刻本。

「漕運志」，其內條目分別爲：通惠河始末、河功、漕渠、壩閘、船隻、設淺、倉廠、糧額、輕齎、設官、置役、關支。是志爲現存較早的一部通州志，史料價值很高。〔註 16〕另外（光緒）《懷來縣志》的門目設計也頗具特色。該志根據懷來地處邊陲，宜修武備的特點，於卷十設「軍政」一門，記載當地的軍事防務方面的內容；又於卷十三「宦績門」下單立「讁謫」一目，專爲歷代貶於本地之謫官立傳。〔註 17〕

在遵循大清一統志體例的前提下，注意結合其它地方志書編修體例的特點，因地制宜制定本地志書的體例原則，成爲清代直隸各府州縣志書體例設置的一個鮮明特色。

2. 清代直隸方志的體例結構

清代直隸繼承宋、元、明方志的體例，並有所發展，採用平目體、綱目體、紀傳體、三書體、三寶體、編年體等多種方志體例結構。其中以採用平目體、綱目體、紀傳體者居多，只是在具體設置篇目時，互見異同。清代中葉著名方志學家章學誠對紀傳體方志進行了較大改造，在此基礎上創立了三書體，形成一種新的志體流派，並對近代方志編纂產生較大影響。

（1）平目體

平目體志書就是把志書內容分爲若干類，其下不列門類，各類之間平行排列，彼此相互獨立，互不統攝。清朝纂修《大清一統志》時劃定體例格式，採用的就是平列分目。清代直隸方志中有不少採用這種體例。如張一魁纂修，張鳴珂續修（康熙）《景州志》四卷、《續志》四卷，該志編纂嚴謹。前志共分二十四個門類，卷一分建設、分野、疆里、風俗、城池、公宇、學校、版籍、賦役，卷二分祀典、兵馬、方物、封爵、宦迹、鄉獻，卷三分選舉、恩命、對疏，卷四分撰述、詩賦、淑行、孝節、災變、雜異。〔註 18〕續志體例與前志相同，內容有所補充。〔註 19〕

〔註 16〕吳存禮修，陸茂騰纂：（康熙）《通州志》卷三「漕運志」、卷六「兵防志，」清康熙三十六年（1697）刻本。

〔註 17〕朱乃恭修，席之瓚纂：（光緒）《懷來縣志》卷十「軍政」、卷十三「宦績，」清光緒八年（1882）刻本。

〔註 18〕張一魁纂修：（康熙）《景州志》卷首「目錄，」清康熙十一年（1672）刻本。

〔註 19〕張鳴珂纂修：（康熙）《續補景州志》卷首「目錄，」清康熙十九年（1680）刻本。

（2）綱目體

綱目體志書，先設大綱或者大類，其下再設細目，以綱統目。「事以類從，文因事繫，綱領既得，條目咸釐。」〔註 20〕這種體例也爲不少直隸方志所採用，如劉徵廉修，鄭大綱纂：（康熙）《獻縣志》，該志分爲八門五十二目，結構比較完整。其中卷一「輿地志」，下分沿革、星野、形勝、疆域、城池、山川、風俗、里屯、市釐、橋梁、古迹、陵墓，卷二「宮室志」，下分公署、鋪舍、壇遺、祠宇、綽楔，卷三「學校志」，下分文廟、儒學、書籍、祭器，卷四「食貨志」，下分戶口、地畝、賦役、倉口、存留、軍器、物產，卷五「秩官志」，下分官制、官籍、名宦、循良，卷六「人物志」下分甲科、鄉科、歲貢、例貢、辟舉、鄉賢、武弁、貤封（附恩蔭）、恩命、孝行、貞烈，卷七「藝文志」，下分傳、記、雜著、奏疏、詩，卷八「雜誌」，下分災異、封建、維秩、外傳。〔註 21〕

（3）紀傳體

紀傳體志書就是把志書諸多門目歸屬爲圖、表、記、志、傳等，再立綱分目，每類之下設細目。這種體例在宋、元、明歷代不斷得到運用和發展，在清代直隸方志編纂中也同樣爲不少修志者所採用。如慶之金修，楊篤纂（光緒）《蔚州志》比較典型，該志正文分二十二門三十九目，較之蔚地歷史上三種舊志在體例及內容方面都有較大改進，在類目設置上，效法史體，分爲表、志、傳、記四大部分，首冠以圖。表爲紀年之書，其中卷一至卷二爲表，分輿地表、歷代封爵表、歷代職官表、本朝職官表。分志載以事，將紛繁的內容別爲九門，視其特點採用不同的記述形式。

如卷三至卷五爲「地理志」，其中山川目，兼采詩文；古迹目逐條詳載；卷六爲建置志、祠祀志；卷七爲賦役志、學校志、兵志，其中賦役志提綱攜領，簡明扼要；卷八爲選舉志，卷九、卷十都爲金石志，內容不憚其詳，備原文；卷十一和卷十二均爲藝文志，其內容將州人著述分經、史、子、集四體編次，至有涉志乘之文，則分附於相應的地理、建築等篇中，因事制宜，繁簡得當。傳爲人物志，其史傳採之正史及賢良祠傳、滿漢名臣傳諸籍所載有關本州名人之事，錄其全文。其中卷十三和卷十四爲史傳，卷十五爲集傳，

〔註 20〕謝昺麟修，陳智纂；王億年續修，劉書旂續纂：（宣統）《任縣志》卷首「凡例，」清宣統二年（1910）修，民國四年（1915）續修鉛印本。

〔註 21〕劉徵廉修，鄭大綱纂：（康熙）《獻縣志》卷首「目錄，」清康熙十二年（1673）刻本。

採名人文集及家傳、墓誌、行狀，節其略而編次。卷十六爲列傳，卷十七爲列女。記收它部未備之內容，其中卷十八爲大事記和風土記，其中大事記以編年體輔以紀事本末體的形式，記述了春秋至同治年間該地社會、自然之大事。卷十九爲名宦記和寓賢記。卷二十爲雜記和後序。該志體例嚴謹，正文悉列故籍，有所考訂，別爲案語，凡採之舊志者加以說明，「不枝不漏，因事制宜，翦裁位置，愜心貴當，近年方志中實罕遇此佳構，」屬於清代直隸方志中的精品之一。〔註22〕

（4）三書體

三書體是清代中葉著名方志理論家章學誠對紀傳體方志進行較大改造，新創立的一種志體流派，並且對近代方志編纂產生較大影響。

清乾隆四十二年（1777）周震榮修，章學誠纂《永清縣志》，將方志分爲志、掌故、文徵三部分，另將異聞雜說編爲叢談，作爲附錄。此舉在志體創新上獨樹一幟，屬於三書體。章學誠認爲：「凡欲經紀一方之文獻，必立三家之學，而始可通古人之遺意也。仿紀傳正史之體而作志，仿律令典例之體而作掌故，仿文選文苑之體而作文徵。三書相輔而行，缺一不可。合而爲一，尤不可也。」〔註23〕三書體的產生，是章學誠針對當時修志偏重彙纂資料，全失撰述之意而提出來的。方志自定型後，門目日益擴大，內容日漸豐富。爲了實錄本地區史事，不少方志都彙錄大量的原始資料，有的整部書皆成資料彙編，作者只在引文前後略陳按語，然而爲了體現志屬史體的特徵，不少方志又求之於正史體例，於是所編志書體例極不嚴謹。章學誠有感於此，故起而矯之。

（乾隆）《永清縣志》成爲其三書體的代表作之一。是志體例嚴謹，行文流暢，內容翔實，考據確鑿。正文分二紀（皇言、恩澤）、三表（職官、選舉、士族）、三圖（輿地、建置、水道）、六書（吏、戶、禮、兵、刑、工）、一政略、十列傳（鄉賢一至六、義門、列女、闕訪、前志），共計二十五篇。其每篇前均有敘例，「明撰述之微旨，標去取之由來。」〔註24〕紀爲皇言、恩澤，皇言止於誥敕，恩澤止於蠲免錢糧。職官、選舉兩表，皆本年經事緯之法，

〔註22〕瞿宣穎撰：《方志考稿（甲集）》第一編，北平：京津印刷局，民國十九年（1930）排印本。

〔註23〕章學誠：《方志立三書議》，參見《文史通義》卷6，清光緒二十五年（1899）三味堂刻本。

〔註24〕周震榮修、章學誠纂：（乾隆）《永清縣志》卷首「凡例，」清乾隆四十四年（1779）刻本。

井然有序。輿地、建置、水道三圖，有總圖和分圖三十餘幅，皆開方計里，頗合志例，將廟宇、寺觀、碑碣等名勝詳列四鄉村落之圖後，便於查考。六書以吏、戶、禮、兵、刑、工分類，取材於科房檔冊，其中戶書所載清乾隆四十三年（1778）銀錢糧價之定數，綿布肉蔬等日用品之價格，以及縣人之職業，史料價值很高。政略單闢一篇，歷數各代知縣之政績，有所褒貶。列傳之十的前志列傳為章氏首創志例，專記永清縣志書源流。正文外另附《永清文徵》五卷，分奏議、徵實、論說、詩賦、金石五目，係擇取當時征集的故事文章，有關永清縣情況而不易寫入志書者，以類相從，保留具有一定歷史、社會價值的文獻。由該志的門類設置可以看出，三書體實際上是從紀傳體派生出來的，其特點是將正史紀傳體的志與政書會要體的掌故，及專錄文詞的文徵分開單列，強調體裁形式的區別，而輕視敘事內容的類分，目的是體現撰述和記注的區別，其學術思想無疑是具有進步意義的。

（乾隆）《永清縣志》是章學誠的名作，體例嚴密，達到了他所說「仿紀傳之體而作志」的目的。其特點是能夠以「立三書」理論，與志例、資料三者結合。此志所定類目大抵為前人方志所習見，但經章學誠整理，訂綱領目，做到綱舉目張，體現了他的史學才能。

（5）三寶體

三寶體志書，體例來自《孟子》所云：「諸侯之寶三：土地、人民、政事。」此類志書將內容分為土地、人民、政事三門，其下再設細目。在明代志書編纂中，就已經產生這種體例，清代直隸方志編修中繼承了這一做法。如（乾隆）《宣化府志》即屬此類。是志共分為二十五門三十八目，記事止於清乾隆二十一年（1756），體例設置「以土地、人民、政事為綱。首以紀恩見敷錫之極，又三者之綱也。」「土地之屬，則先以地理、星土、形勝、疆域、山川、古迹、城堡、公署。土地、人民之合，則次以鄉都、戶口。政事首田賦，次學校、典祀、塞垣、兵志者。」「驛站亦兵志之類，故次之。封建、職官、宦迹，則三者管領之所在也，故又次之。選舉、人物、列女、風俗、物產，不次戶口而次宦迹者，以其邁世之英，足繼諸當事之後，以正風俗而振物華也。世紀，三者之統會。藝文、雜誌，三者之緒餘。訂誤，則又史家傳信傳疑之要歸也。故以是終其它，則各以類附焉。」〔註25〕

〔註25〕王者輔原本，張志奇續修，黃可潤續纂：（乾隆）《宣化府志》卷首「凡例，」清乾隆二十二年（1757）增刻本。

（6）編年體

編年體志書的產生，仿照《春秋》、《竹書紀年》、《資治通鑒》等編年體史書。全志不分門類，而是以時間爲線索，縱向記述。這種體例亦創設於明代，在清代直隸方志編修過程中，也有修志者在運用。如趙弼修，趙培基纂，卞三畏續修的（康熙）《平鄉縣志》，仿明陳士元《灤州志》之例，「變體爲編年。」該志「凡一統皆大書，分統則大書甲子，而分書年號於下。其甲子、年號皆因事以書」，「有事而無年可考者，止某朝某帝號。」〔註 26〕不過此類志體在清代直隸方志中並不常見。

二、直隸方志的編修風格

清代直隸方志纂修中嚴謹的風格，在很大程度上直接受到《大清一統志》的影響，主要體現在幾個方面：

（一）盡量徵引原始文獻，考訂異同，言之有據。

編纂《大清一統志》和直隸各地編修方志均屬著述性工作，儘管所記述的區域有廣狹之別，任務有繁雜程度的不同，然而兩者在編纂風格和內容上卻有許多相通之處。《大清一統志》編修之初，被「頒諸天下爲式」的（順治）《河南通志・凡例》，所設定的編纂方法自然成爲方志編纂遵守的範式。如圖考，「皆重核訂正，至星野、河渠與舊圖迥別，務期詳確。」建置沿革，「表、注相符。」戶口、田賦確定資料斷限年代，「悉依順治十二年刊定《賦役全書》，及十五、十六年自首勸墾地畝糧數，細爲開載。仍列歷朝舊額於後，恐有損益，便於考鏡也。」「奏議、移文獨詳本朝者，皆係地方利害，盡爲載入，不厭其蕪。」〔註 27〕《大清一統志》確定資料斷限，援引資料均在首條注明作者、書目，再引「即不重載姓氏」等。〔註 28〕這些都爲清代直隸各地修志所借鑒。

清代直隸修志要求資料來源正規，盡可能引用一手材料。這些材料一般來自官方正式發佈的文書、檔案、採訪錄、碑記等，「應採書目，國朝官書，

〔註 26〕趙弼修，趙培基纂，卞三畏續修：（康熙）《平鄉縣志》卷首「志例，」清康熙十一年（1672）刻本。

〔註 27〕賈漢復修，沈荃纂：（順治）《河南通志》卷首「凡例，」清順治十七年（1660）刻本。

〔註 28〕穆彰阿、潘錫恩等纂修：（嘉慶）《大清一統志》卷首「凡例，」清道光二十二年（1842）刻本。

則《大清會典》、《大清一統志》、皇朝『三通』等書，必應詳考。其它古書如廿四史、《通鑒》、『三通』爲綱，而唐、宋、元、明各家詩文集，及畿輔名賢所著書爲輔。前志搜採簡略，往往掛一遺萬，此宜急補者也。又如《太平御覽》、《事文類聚》、《淵鑒類函》及一切類書、叢書，苟有一事足資考證，皆應廣爲搜輯，冀免貽譏疏陋。」「採本境名賢著述。大凡名人詩文，多載鄉里故事，信而有徵，即文理未優，而苟有纂述，亦皆一鄉俊傑。如詩集，則倡和何人？遊歷何地？文集、則傳、狀、碑、銘、記事之作，送序、集序酬應之篇，均應詳考。又或筆記、日記等書所記耳目見聞，亦多鄉邦文獻。諸若此類，即可補志書之闕，亦應將所著之書採入藝文志者，不可忽也。」「採傳、狀、碑、誌。詩書舊家必有家傳、墓誌、行述等作流傳子孫，其各姓譜牒，雖或但紀族系，絕少傳述。究之既有成書，亦必偶可採。」〔註29〕

如（光緒）《順天府志》所載引用書目曾經達到九百零二種之多。其「人物」一門，語語皆采輯原書，不增一字。其《修書略例》規定引用書目應注重選擇，「引書憑古雅者。若《廣輿記》之屬，及明人陋書，不以爲據。」「引書用最初者。不得但憑類書，其無原書者，不在此例。」並在所引每條材料下注明出處。注重考證，保證資料的眞實性，確實有據可循，然後才能載入。「群書互異者，宜考訂，說詳夾註。」保證資料的眞實性，確實有據可循，然後才能載入。〔註30〕「志者，記其事於冊，考得失，資觀感。搜羅宜廣，去取宜嚴，故徵文考獻必求信而有據。」〔註31〕如順天府固安縣「舊志始創於蘇德明，再修於秦公庸、陳子雲，早失其稿。惟鄭蕉溪志具有全書，今參酌採錄，而變其義例，刪其繁冗。其簡編缺遺，字畫漫漶者，悉爲考訂增補之，不可考者闕之。」〔註32〕而廣平府臨漳縣則「志中事實，或宗府志，或本舊志。舊遺者有據，則補之；誤入者無徵，則刪之，意在求是。間有未經考明者，則仍沿舊志，不敢臆斷。」「志中新續者，或據碑記，或據縣卷，或據採訪，必確有可徵詢，謀僉同，然後載入，不敢

〔註29〕吳汝綸纂：《桐城吳先生日記》卷十五「纂錄中・採訪志書條例十六條，」北京：中國書店刷印（戊辰五月蓮池書社印行）。

〔註30〕萬青藜、周家楣修，張之洞纂：（光緒）《順天府志》卷130「修書略例，」清光緒十二年（1886）刻本。

〔註31〕蘇玉修，杜靄、李飛鳴纂：（光緒）《唐山縣志》卷首「凡例，」清光緒七年（1881）刻本。

〔註32〕陳崇砥修，陳福嘉纂：（咸豐）《固安縣志》卷首「凡例，」清咸豐九年（1859）刻本。

泛博，以滋淆濫。」〔註 33〕清代直隸方志中表達這類內容的中心思想，都是強調志書文獻資料如何做到眞實可信，目的是要保證志書可以信今傳後，「述往所以鏡來。」〔註 34〕

可以看出清代直隸方志注重考證，目的在於確保文獻資料翔實可靠，充分發揮方志的存史功能。

（二）注重實地採訪徵詢

《大清一統志》的編纂過程中非常重視史實的調查採訪，確保入志資料的準確可靠。清雍正十一年（1733）十月，一統志館爲詳查各省府縣有關戶口、田賦、市鎮、職官、橋梁、河渠、公廨、倉廒、營衛、土貢、書院、古迹、祠廟、寺觀、城堡、堤堰、驛站、碑記等事項，照會戶部，向全國發出《行查事項》，要求各地「詳查造冊送館，以便增輯。此係克期進呈緊要事務，必須文到之日，限三個月內條晰造冊報部送館，毋得遲滯。」《行查事項》對調查的門類、採訪的內容和要求，都作了的簡明易行的規定，如「查各處所增河渠、城堡、堤堰、祠廟、寺觀，在本城何處；有御題匾額碑記，恭錄原文，並注明何年建立」；「查各新州縣境內之山川、古迹、關隘、市鎮、驛遞、橋梁、河渠、城堡、堤堰、陵墓、祠廟、寺觀等項，在本城東、西、南、北若干里，其跨新舊二處交界地方者，並查注明。」這些都對清代直隸方志的編纂行爲，發揮了重要的示範作用。〔註 35〕

編修方志的部分資料，需要實地調查採訪。在很多清代直隸方志編纂過程中，這是必不可少的重要一步，各地志書的編修者們對此相當重視。就目前掌握的資料而言，此前尚未有地方政府爲修志，專發有關採訪具體要求的規定，而在清初直隸一些地方的修志過程中，則開始有此種情況出現。如清代康熙年間大名府元城縣爲配合該縣的修志活動，曾經發佈如「徵修縣志示」，就其中的相關事項發佈公告：「爲徵修邑乘以襄盛典事，照得縣之有志，備載倫物，猶國之有史，家之有譜也。一以彰博物之雅，一以存觀感之思，所繫非輕。近奉諭旨，徵修一統全志，本縣山川、人物向因附郭，載入郡乘，

〔註 33〕周秉彝修，周壽梓、李燿中纂：（光緒）《臨漳縣志》卷首「凡例，」清光緒三十年（1904）刻本。

〔註 34〕王大年修，魏權纂：（雍正）《直隸定州志》卷首「凡例，」清雍正十一年（1733）刻本。

〔註 35〕董一博主編：《中國地方志大辭典》第 506～508 頁「附錄，」杭州：浙江人民出版社，1988 年 7 月第 1 版。

歷考前任，並無另刻。茲逢院、道、府、廳明文表揚盛事，本縣承乏一日，志在千秋，虛公採訪。凡茲地方城郭、署舍、建置、田賦、祥災、官師、政績、選舉、科第、忠臣、孝子、義夫、節婦、貞士、逸民、仙釋、流寓、祠宇、坊表、陵墓、藝文，有關名教，甚切吏治，除啓訪縉紳、學校外，合行曉諭：各村都里耆民、老人等知悉，即將所見所聞據實呈報，務在詳確，不得虛誕。限某月日，赴縣投遞，以便查核，編成全書，申報憲臺，刊垂不朽。」〔註 36〕其中將修志的意義、搜集資料的範圍、內容以及程序，交待或解釋得十分明確。

到了晚清，清代直隸方志在編修過程中更加重視實地調研採訪工作。如（光緒）《順天府志》主修周家楣在談及該志的纂修過程中，進行採訪調研的問題時，曾經說：「至是乃條徵件採，書牘並發，舟車踵接，日下耆舊，敦請考證，務盡所能。其日久無應，及訪證弗獲者，仍其闕。」〔註 37〕而（光緒）《昌平州志》則同樣體現了（光緒）《順天府志》這一做法，繆荃孫談該志之採訪工作，「搜古書之記載，證父老之舊聞。山川關隘，親履其地，而前人之異說可折衷。物產、人物無取借材，而邑乘之統病可盡滌。」〔註 38〕（同治）《深州風土記》的纂修者吳汝綸，則就有關修志採訪內容和範圍，作了具體而明確的要求，制訂《採訪志書條例》十六則。如採族姓遷流所自，原因在於「北人不重氏族，往往宗姓繁衍，家無譜牒，族無祠堂，數典忘祖，君子恥之。今宜查境內各村，某村有幾姓？某姓何時始遷？其遷來自何所？其族有官宦幾人？有進士、舉人、秀才若干人？各載源流，以備考覽。其源難知，則從蓋闕，以示疑事毋質之義。」其它方面還包括應採書目，採本經名賢著述，採傳、狀、碑、誌，採金石、碑刻，採舊志，採鄰境志書，考村莊道里，採河道遷徙，採民間習俗，采物產貨殖，考覈輿圖，採方言，採人物，採舊事，採古迹，每條下面都有具體的說明。〔註 39〕這些要求原本都是來自志書的編修實踐，是對以往行之有效實踐經驗的總結、概括和提高，以此作爲後

〔註 36〕陳偉等纂修：（康熙）《元城縣志》卷首「徵修縣志示，」清康熙十五年（1676）刻本。

〔註 37〕萬青藜、周家楣修，張之洞纂：（光緒）《順天府志》周家楣「序，」清光緒十二年（1886）刻本。

〔註 38〕吳履福等修，繆荃孫等纂：（光緒）《昌平州志》卷十八「序錄第二十二，」清光緒十二年（1886）刻本。

〔註 39〕吳履福等修，繆荃孫等纂：（光緒）《昌平州志》卷十八「序錄第二十二，」清光緒十二年（1886）刻本。

之志書編修的指導和要求，既反映出這個時期修志理論與實踐的結合更加密切，同時也強調進行深入的調查研究，大量佔有可靠的資料，是充分保證清代直隸志書內容眞實可信的重要前提和基礎。

（三）語言簡明、扼要、流暢，行文要求格式規範

如（雍正）《完縣志》（又名《重修完縣志》）中的「例義八則，」係專爲修志提出的具體要求，立意新穎，可供當今研究清代方志編纂方法者參考。其中「扼要」要求語言宜簡解、明晰。「黜華」反映修志宜實事求是，忌浮誇。「存疑」要求注重對修志材料的考證。「補漏」要求修志過程中，要彌補舊志之缺略。「陳風」則是突出對各地不同風俗民情的記載，「詳賦」則是強調對有關土地賦稅的反映，「搜材」則是注重對社會各階層人物的記載。「矢公」則是不以人物社會地位的高低爲標準，注重對鄉間下層人物的反映。〔註 40〕這八條既是對《大清一統志》編纂要求的簡明概括，更是集中代表了清代直隸方志編修文風中的重要內容之一。

清代直隸志書在編修行文格式上，要求嚴謹、規範和準確。（光緒）《臨漳縣志》載：「各目中正事皆頂格，其附見者低一字以別之。」「各目中或考古，或敘原委，皆用小注。」「朝代係大一統，表、傳中皆大書，偏安者用小字，割據者於正統下注小字，以示區別。」〔註 41〕行文格式是否嚴謹、規範和準確，直接反映志書編纂者自身素質的高低，修志底蘊的厚薄。

既要注重實地調查研究，廣泛佔有可靠的一手資料，言之有據，又要秉持公正直筆的原則，科學劃分綱目門類體例，具備實質性的內容。同時力求語言簡明、扼要、流暢、嚴謹，行文格式規範。這些都能體現出清代直隸方志編修文風中，具有豐富的科學內涵，這些都可以爲當今編修新志提供重要的參考。

第二節　清代直隸方志的種類

清代直隸修志活動頻繁，體現在不僅成書之眾，數倍於以往歷代，而且種類眾多，較前代也更爲豐富。清代直隸方志大都以一定行政區域爲編纂範

〔註 40〕朱懋德修，田瑗纂：（雍正）《完縣志》（又名《重修完縣志》）卷首，清雍正十年（1732）刻本。

〔註 41〕周秉彝修，周壽梓、李燿中纂：《臨漳縣志》卷首「凡例，」清光緒三十年（1904）刻本。

圍，既有一個省的「通志」，又有府志、州志、廳志、縣志、都邑志、鄉土志、里鎮志、村志、屯志、衛志、關志。此外還有按記述內容劃分的志書，如都邑、山川、寺廟、名勝等專志。而居主流地位的，仍舊是官修的府、廳、州、縣志、都邑志、鄉土志等。

一、通志

通志爲省一級的地方志，在明代稱爲「總志」，到清代則稱「通志」。明代北直隸雖然是京師所在，是重要的政治、經濟、文化中心，卻沒有一部反映其全貌的志書。清代直隸則前後共編修三部省級通志，首部通志是始修於清康熙十九年（1680），成書於清康熙二十一年（1682），由于成龍修，郭棻纂的（康熙）《畿輔通志》四十六卷。第二部通志是續修於清雍正七年（1729），成書於清雍正十三年（1735），由唐執玉、李衛修，陳儀、田易纂的（雍正）《畿輔通志》一百二十卷。第三部通志是修於清同治十年（1871），成書於清光緒十年（1884），由李鴻章等修、黃彭年等纂的（同治）《畿輔通志》三百卷首一卷。其中尤其是（同治）《畿輔通志》質量較高，堪稱爲我國僅有的幾部省志巨著之一。該志分帝制紀、表、略、錄、傳五體，在門目設計上有所創新，去掉「建置」一目，其內容記入「經政」門，與學制、積儲合二爲一，避免了重複。在內容上，從「經世致用」的思想出發，增加漕運、海防、旗租、錢幣、榷稅、刑律等內容的記述，增強了該志資治的功能。該志還重視地圖的應用，「志書謂之圖經，以圖爲重。」〔註 42〕在「輿地略」中，繪有直隸省府、州、縣圖 167 幅。另外在「藝文」中，改變了過去方志僅列詩文，不詳書目的做法，效法史例，分經、史、子、集四目，詳載書目，便於查驗。因此該志面世以後，得到史志學界較高的評價。

另外清代直隸也有地方把州縣志稱爲「通志」，主要是這些地方都有其特色。如遵化原爲縣邑，建東陵後乃升縣爲州，清乾隆八年（1743）又升爲直隸州，轄豐潤、玉田二縣。因政治地位特殊，「陵寢實冠簡端，不得以尋常州志目之，」因此定名爲《遵化通志》，〔註 43〕不過這種情形極爲少見。

〔註 42〕李鴻章等修，黃彭年等纂：（同治）《畿輔通志》卷首「凡例，」清光緒十年（1884）刻本。

〔註 43〕何崧泰、陳以培修，史樸等纂：（光緒）《遵化通志》史樸「敘傳，」清光緒十七年（1891）刻本。

二、府、州、縣志

府、州、縣的志書，通稱爲「某志」，根據行政單位而命名。如府志、直隸州志、州志、縣志。

府志中比較有代表性的，如萬青黎、周家楣修，張之洞、繆荃孫纂（光緒）《順天府志》一百三十卷附錄一卷。參與該志編纂的多爲當時的名儒碩彥，志書廣徵博采，「蓋自群經箋注，地理專書，正史、別史，諸子文集，與夫圖經、志譜、公牘、訪冊，於古若今數十萬卷中探討而出。」〔註44〕徵引書籍、碑拓多達八百四十三種。而且考證嚴謹，「蓋採訪諸端，一字未確，一節未稔，往往擱筆。至是乃條徵件採，書牘並發，舟車踵接。日下耆舊，敦請考徵，務盡所能。」〔註45〕該志於清光緒五年（1779）十月開局草創凡例，歷時八載，在清光緒十二年（1886）刊刻行世。這是一部清末京師順天府轄區情況的最完整、最豐富的地方志。全志體例嚴謹，分爲京師、地理、河渠、食貨、經政、故事、官師、人物、藝文、金石十志，子目六十九，卷帙恢宏，是清代直隸方志中的集大成之作。該志雖然篇幅宏大，眾手完成，但由於纂修前釐定了《纂修順天府志略例》規範約束，全志規劃整齊。又因以「典核」、「徵實」爲編纂原則，多記實，少空述，引書「用最初者，」因此內容翔實。該志保存了記載晚清時期發生於北京及附近地區重要歷史事件的資料，如「故事志」的「兵事」目類中，記載的太平軍進軍直隸、英國軍艦侵入大沽口、火燒圓明園等晚清時期重大歷史事件，都是極爲珍貴的史料。尤其是其《藝文志一》中保存的「記錄順天事之書」，是繆荃孫撰、傅雲龍復輯的關於北京地方文獻的知見書目。它以當時順天府轄區爲限，收錄了上起周之《燕春秋》，下迄清代光緒《昌平州志》，歷代所修北京地方志和其它有關北京地方文獻的專書二百二十九種，對有關北京史志的研究提供了十分重要的線索。該志備受後人推崇，成爲晚清時期的名志。

州志中水平比較高的代表作，如吳汝綸纂〈同治〉《深州風土記》二十二卷附表五卷，該志由吳汝綸創修於清同治十年（1871），並經多人補綴、修改而成。吳汝綸（1840～1903），字摯甫，一作摯父，安徽桐城人，清同治四年（1865）進士。曾經先後參佐曾國藩、李鴻章幕府，擔任過直隸深州、冀州

〔註44〕萬青黎、周家楣修，張之洞、繆荃孫纂：（光緒）《順天府志》沈秉成「序，」清光緒十二年（1886）刻本。

〔註45〕萬青黎、周家楣修，張之洞、繆荃孫纂：（光緒）《順天府志》周家楣「序，」清光緒十二年（1886）刻本。

知府。並曾受聘爲保定蓮池書院山長、京師大學堂總教習，晚年專心從事桐城派古文的寫作，著述鴻富，成爲桐城派後期的大師。清同治十年（1871）在任深州知州後開始撰志，「蓋屬稿未定，故不以志名，而變其稱以示謙也。」後因遷官他處，由人續補改定。全志共二十二篇，於清光緒二十六年（1900）刊刻於深州文瑞書院，記事止於光緒二十六年。該志創設「人譜」一門，廣徵私家譜牒及地方文獻，網絡散佚，詳而不冗。考述州里古今望族大姓之演變，成爲研究北方民族文化的重要歷史資料。金石目收錄明代洪武學校格式碑，可證明代地方教育制度，並且可以在一定程度上彌補《明史・選舉志》之疏闊，十分珍貴。賦役篇記載明初以來賦役款額，「自洪武以來賦役源流一一疏通證明，不避繁瑣，而有綱舉目張之效。」物產篇爲後增補，附論農商狀況、士女風俗，頗有價值。該志考證詳博，載事明晰，文詞精美，多得後人稱道，近代方志學家瞿宣穎讚歎：「今觀汝綸之書，視學誠之卓識，何嘗有不及哉！」〔註 46〕因此堪稱清代直隸諸多志書中的佳作。

清代直隸縣志中的精品也有不少，如《續天津縣志》二十卷首一卷，是清同治九年（1870）由吳惠元、俞樾在蔣玉虹（嘉慶）《天津縣志稿》的基礎上，增補材料編纂而成的。該志正文共分二十一門，約二十七萬字，現存清同治九年（1870）刻本等多種版本。是志體例嚴謹，內容豐富，保存了從清乾隆初年到同治八年（1869）間許多重要史料，記載了許多關於中國近代史中天津地方政治、經濟、文化、歷史、地理方面的重要史料，如太平天國北伐軍、西捻軍鏖戰津門，對敵鬥爭的英勇事迹；清朝統治者勾結西方列強，鎭壓人民的殘暴罪行；西方列強侵略中國，攻佔大沽口炮臺，強迫清政府簽訂《天津條約》，以建造房屋，積存貨物爲名，強佔紫竹院爲租借地的罪行；天津修築濠牆、炮臺，設置洋槍隊、機器局，墾水田、鑿環渠等重要資料，這些都屬於其它史書不載，或者載而不詳的內容，因此該志書價值很高，流傳甚廣。

除上述以行政單位命名的志書外，清代直隸還有一種方志成爲「路志」，不過現存數量不多。例如今天的赤城縣在清初曾經稱爲宣鎭下北路，由王治國修，楊國士纂（康熙）《宣鎭下北路》十卷，成書於清康熙九年（1670）至康熙十七年（(1678）之間。正文分爲九志五十二目，依次爲：輿地、營繕、

〔註 46〕瞿宣穎：《方志考稿》（甲集）第一編，北平：京津印刷局，民國十九年（1930）排印本。

邊防、版籍、武備、秩官、選舉、人物、藝文。該志敘事詳於金、元、明，而略於三代、秦、漢迄唐，有康熙間抄本。

三、都邑志

都邑志的編修始於宋代，歷經元、明兩代的發展，到清代已經日益成熟。清代直隸方志中有不少都邑志，如孫承澤撰（康熙）《天府廣記》四十四卷、朱彝尊撰（康熙）《日下舊聞》四十二卷，以及于敏中、英廉等領銜修，竇光鼐、朱筠等纂（乾隆）《日下舊聞考》一百六十卷，都是其傑出的代表作。它們均屬於記述北京的志書，收錄大量歷代北京天文、地理和社會生活等方面重要的文獻資料。尤其是後兩種，史料價值相對更加突出。

四、廳志

清代在邊疆地區，或新設行政單位地方，所建立的行政機構有的叫做「廳」，該地編修的志書也稱為「廳志，」這類志書屬於清代創修的志書。清代直隸方志中也有一部分廳志，如黃可潤纂修（乾隆）《口北三廳志》十六卷首一卷，即是其中的代表之一。是志記事止於清乾隆二十二年（1757），全志分為十八門十四目。口北三廳分別為張家口、獨石口及多倫諾爾（即今河北張北、沽源兩縣，內蒙的多倫縣）。該志主要特色之一就是設目切要，能夠因地制宜，根據地情設置門目，如臺站、考牧、蕃衛等，為研究塞北少數民族歷史提供了可貴的資料。其輿地、山川、古迹三門，略古詳今，疏證地名沿革，對明開平衛之故迹考證尤詳。世紀門歷舉各代兵事，甚為周備。是志有清乾隆二十三年（1758）刻本。

五、衛志

衛在清初曾經為軍事單位，後來其中有些逐步變為行政單位，故其所編修的志書稱作「衛志」。如薛柱斗修，高必大纂（康熙）《天津衛志》四卷首一卷。該志為纂修《大清一統志》而奉旨纂修，修志之時天津已經三衛合一，故稱《天津衛志》。是志成書於清康熙十四年（1675），是清代所修第一部，也是現存最早的一部天津方志。它是在舊志的基礎上纂修而成，保存了天津舊志的重要資料，補充了從明萬曆二十年（1592）以來的新材料，內容較舊志更加豐富。在明版天津方志已經失傳的情況下，價值更顯可貴，為研究天津早期政治、經濟、軍事、文化等方面的情況提供了許多重要線索。如卷首的天津衛城圖是迄今爲止最早的天津地圖。卷二「賦役」門內列舉了天津繳納地畝錢糧的具體數字，是研究天津經濟史的重要參考資料等。該志流傳很廣，具有多種版本。

六、鄉土志、鄉土圖說

鄉土志是清末齣現的一種志書體例。清光緒二十七年（1901 年）開始，清政府實施「新政」，在軍政、財政、教育等多個方面進行改革，廢科舉、立學部、興學堂等措施陸續出臺。次年《欽定學堂章程》頒佈，在中國歷史上第一次試行現代意義的全民小學義務教育。各地陸續編修許多小學鄉土教科書，這類體裁即稱爲「鄉土志」。鄉土志記載的範圍一般爲一縣一區一鄉，內容涉及廣泛，涵蓋區域內自然、政治、經濟、人文等各方面的資料，突出地方特色。清政府《部頒鄉土志例目》爲此擬定十五門內容，作爲各地編修鄉土志的程序：歷史、政績錄、兵事錄、耆舊錄、人類、戶口、民族、宗教、實業、地理、山、水、道路、物產、商務。

清末直隸各地編修的鄉土志數量也有很多。如劉崇本編《雄縣鄉土志》，李翰如編《晉縣鄉土志》，周登皞編《寧河鄉土志》，（清）佚名編《延慶鄉土志》，童光照編《昌黎鄉土志》等，另外劉峙纂修的（光緒）《固安志》等，也具備鄉土志的特點。

鄉土圖說所涉及的內容與鄉土志類似，只是形式上以圖說爲主。如陸寶善編（光緒）《望都縣鄉土圖說》，以縣城爲中心，分東南西北諸路，依序爲望都縣、城垣、北關、所驛、雙峨村、南關、沈家莊、辛街等一百二十多個村莊，各村圖說涉及山陵、水道、橋梁、戶口、田畝、土產、樹木、廟宇、公產、鋪口等。圖說由各村教員訪稿編輯而成，立意淺顯，通俗易懂，屬專爲兒童編寫的地理性教科書。該志有清光緒三十一年（1905）鉛印本。

七、專志

地方志中還有一種專業志，它不同於前述方志以行政範圍來區劃，而是專記地方上的某一事物，或某一類事物。清代直隸各地所編修的專業志種類繁多，主要可以分爲以下幾種：

（一）關隘志

專記一個關隘或幾個關隘，特別是名關。如陳天植修，佘一元纂（康熙）

《山海關志》十卷，該關號稱「天下第一關」，位置極爲險要。志書創修於明朝嘉靖年間，萬曆、崇禎幾次續修後，於清康熙九年（1670）再次續修，記事止於清康熙七年（1668）。正文分十門六十七目，約十一萬字，圖六幅。災祥目詳記明天順元年（1457）至清康熙七年（1668），在二百一十年中所發生的四十多次較大的自然災害。官職門記載人物較多，記明初至康熙時的督師、巡撫、管關廳等三百七十餘人。「建置」門對城池的十一個城樓方位、修建人、年代，及關堡、邊牆、敵臺、官軍、馬騾、器械等內容，記載比較翔實。是志有清康熙九年（1670）刻本。

（二）山志

專記一山，特別是名山。如釋智樸撰（康熙）《盤山志》、蔣溥撰（乾隆）《欽定盤山志》，以及釋自如、吳仁敵的《上方山志》等。

釋智樸撰（康熙）《盤山志》十卷補遺四卷，卷首有王澤弘、王士正、張朝琮、鄭纘祖、宋葷、高士奇等七人作的序。盤山位於天津市西北部，距薊縣十五公里，原名四正山，據傳因古時田盤先生隱居於此，故又稱田盤山，後省去田字，稱爲盤山。魏、唐、宋、元、明、清各代都有皇帝到此巡幸，並大興土木，劈山建寺，清聖祖和高宗並在此建立行宮。此志爲首部盤山志，內容分爲名勝、人物、建置、物產、遊幸、文部、詩部、雜綴等，該志收錄了魏、晉、唐、遼、金、元、明，至清代康熙年間大量的歷史資料。清代乾隆年間續修《盤山志》，是在此志基礎上擴充增補而成。是志有清康熙三十年（1691）刻本。

（三）水利志

係專記河流修治的志書。如李逢亨所撰《永定河志》，是永定河歷史上的首部專志。李逢亨本人曾經長期擔任永定河道，精通河道事務。《永定河志》全書共三十二卷首一卷，卷首附「詔諭」一卷，先於「簡端恭錄列聖諭旨宸章，暨皇上諭旨、御製詩文，以示億萬斯年遵循之道」。所載內容分爲：繪圖、集考、工程、經費、建置、職官、奏議、附錄，收錄了有關永定河各方面豐富的資料。據《永定河志・例略》云，該書編纂緣起於歷代「治水之書，自《史記・河渠書》後，多專言黃河。至永定河，見於《水經注》、《北河紀》、《水道提綱》、《直隸河渠志》諸書，只列爲眾水之一，未有勒爲專書者。」而作者「備員永定河工，十有五年，仰蒙聖恩，由通判間洊受道員，夙夜謹凜，未由答鴻施於萬一，因思在官言官之義，謹輯舊章及現在情形，擬爲一書，以備稽考。」〔註 47〕是志有清嘉慶二十年（1815）刻本。

清光緒六年（1880 年）當時的永定河道朱其詔又編纂《永定河續志》。該志共分十六卷，較之《永定河志》在編纂體例和內容方面，有了進一步的完善。是志有清光緒八年（1882）刻本。

（四）鹽井鹽場志

清代直隸沿海一帶是我國製鹽業十分發達的地區，那裡分佈着很多重大的鹽場，因此不乏記載製鹽業發達地方的專志。

如黃章綸等纂修（嘉慶）《長蘆鹽法志》二十卷附編十卷，專門記載清代直隸長蘆鹽場的整體狀況。關於編修者纂修此志的初衷，志書中反映「長蘆自雍正二年（1724），鹽臣莽鵠立奏修《鹽法志》十六卷，仰蒙世宗憲皇帝御製序文，鋟版行世。迄今閱時既久，其間之丁域引目課額官常，有因時制宜，今昔迥異者，允宜續增纂輯，謹釐爲二十卷，十四類，各別以小目，皆專輯皇朝之典章文獻，不敢攙入往史一事，重所遵也。附纂援證十編，考歷代之鹺筴沿流，亦以類輯，利弊較然。」〔註 48〕因此該志保存大量有關長蘆鹽業各類具體的資料，史料價值很高。是志有清嘉慶十年（1805）刻本。

（五）人物志

專門記載人物的志書，如《畿輔人物考》八卷，清人孫奇逢著。孫奇逢（1584～1675），字啓泰，號鍾元，保定容成（今屬河北）人。明末清初理學大家，與李顒、黃宗羲齊名，合稱明末清初三大儒，世稱夏峰先生。其《畿輔人物考》是孫奇逢入清之後編撰的一部記載明代北直隸地區人物事迹的人物志，乃孫奇逢晚年輯著的作品，但當時未及成帙。其九世孫孫世玟搜索裒輯，始成完書，於清同治八年（1869 年）刊印。具體分類爲：卷一「理學」、卷二「經濟」、卷三「節義」、卷四「清直」、卷五「方正」、卷六「武功」、卷七「隱逸」、卷八「補遺」。全書以類系人，不僅將人物傳記分類，而且對人物生平事迹乃至時事見聞，進行逐條品評。是志有清同治八年（1869）兼山堂刻本。

〔註 47〕李逢亨纂修：《永定河志》卷首「例略，」清嘉慶二十年（1815）刻本。
〔註 48〕黃掌綸等纂修：《長蘆鹽法志》卷首「凡例，」清嘉慶十年（1805）刻本。

（六）寺觀志

有關佛道等教寺宇的記錄。如釋湛祐的《廣濟寺志》。廣濟寺為北京市內的著名古剎，在清代發展達到鼎盛時期。幾代帝王都曾經在這裡燒香祈福，該志對此寺的建置和歷史沿革，都進行了詳細的論述，對於研究清代北京的宗教，有重要的參考價值。是志有清康熙四十三年（1704）大悲壇刻本。

（七）地方名勝志

專記一方名勝古迹、風俗和掌故。如吳長元撰《宸垣識略》十六卷，是記載北京史地沿革和名勝古迹之書，係根據清康熙年間朱彝尊編輯的《日下舊聞》，以及清乾隆皇帝敕編的《日下舊聞考》兩書提要鈎玄，去蕪存菁而成。卷次分為：卷一「天文、形勝、水利、建置」；卷二「大內」，卷三、卷四，「皇城」，卷五至卷八「內域」，卷九、卷十「外城」，卷十一「苑囿」，卷十二至卷十五「郊坰」，卷十六「識餘」。該志詳細記載了北京的歷史沿革、名勝古迹、衙署府邸、名人故居、州縣會館等方面的情況，具有較高的史料價值。該志有多種版本，如清咸豐二年（1852 年）藻思堂刻本，同治二年（1863 年）文英堂刻本，光緒二年（1876 年）巾箱本等。

與前代志書相同，清代直隸方志以官修為主，此外還存在着私人修纂志書的現象。因此現存清代直隸方志中除了由官方編修的志書外，還有一些方志是由私人編修的。由於其名稱一般不能稱為「志」，於是就有了種種不同的名稱。

如稱為「志略」有管庭芬纂修的（道光）《漷陰志略》，該志於清道光十年（1830）始撰，十一年（1831）書成，未梓，記事止於十一年（1831）。漷陰遼置，清順治十六年（1659）裁併入通州，縣建置在清代雖廢，但始終有漷州判之設置。該志設十九目，分述漷縣的沿革、川源、堤防、村集、城池、衙署、鋪遞、寺觀、橋梁、坊表、古迹、學校、冢墓、人物、風俗、物產、文詠、災祥、逸事。該志資料來源廣泛，並且注明出處。它是現存唯一的一部漷陰縣志，有傳抄清道光十一年（1831）原稿本。再如李士宣修，周碩勳纂 （乾隆）《延慶衛志略》一卷，卷首有周碩勳於清乾隆十年（1745）題序，該志分置：記事、關隘（兵防附）、巡幸、山川（古迹附）、屯堡（建置附）、地丁（鹽引附）、經費、學校（風俗附）、驛站、仕宦、藝文等十二類目。是志援引史書三十餘部，摘引文字繫於各條目之下，並注明出處。各類目均有小序，簡要說明本類內容、有關歷史變遷等，有抄本。

其它一些未正式刊印的志書稱爲「志稿」，如宋蔭桐纂修（光緒）《安國縣新志稿》，正文分爲八門，其中「歷代兵事」門介紹捻軍、義和團等在直隸一帶的鬥爭情況。「河渠」門介紹該縣境內的唐河、滋河、沙河，以及由這三條河流匯合而成的潴龍河河流爲患，以及修築堤堰的情況，頗爲詳贍，並附有幾篇考證，是志有清光緒三十二年（1906）刻本。再如茂堂纂（光緒）《盧龍縣志採訪稿》，記事上自清乾隆年間，下迄光緒時期，歷近二百年。內容共分十七個標題，包括：行宮、古迹、陵墓、寺觀、孝友、節烈、封爵、職官、政迹、科名、選舉、進士、舉人、貢生、鄉賢、文苑、方伎、軼事，現存清光緒二年（1876）稿本。另外還有一些私人所修志書，還有的稱爲「備乘」、「小識」、「識略」、「聞見錄」等等。

清代直隸方志編修數量的增加，種類的豐富，再加上一些新志種的出現，整體上反映了清代直隸方志編修的特點和發展趨勢，就是既弘揚歷代修志的傳統，又密切結合清代政治、經濟、文化和社會變遷的現狀，反映社會現實的特徵和需求，應運而生地創造出豐富多彩的方志體裁。

第三章　清代直隸方志的內容

清代直隸方志中蘊含的內容十分豐富，除了編修者闡述方志學的基本理論見諸於端之外，還包涵清代直隸各地大量的自然地理、物產資源，並且廣泛涉獵政治、經濟、文化、宗教、軍事、社會生活等多領域的文獻資源，這些都成爲衡量清代直隸方志編修水平高低的重要參考指標之一。

第一節　序跋凡例中闡述的方志理論

清代直隸方志中編修者對於方志理論的闡述和探討，是清代直隸方志的重要內容之一，主要見之於很多方志的序、跋和凡例之中。而序、跋、凡例作爲清代直隸方志的有機組成部分，集中闡述志書編纂者、方志學家關於修志的宗旨、目的、功能等，這類內容往往均散見於其中。

一、題序者的身份

從題序者的身份來看，這些人的身份不同，品秩各異，署名身份的主要有兩種：

（一）在任或者已經致仕的各級官員

在直隸方志中題序、跋等的官員，不僅包括既有的督撫、三司等高級別官員，還包括知府、知州、知縣等品秩較低的各級官員。如（光緒）《廣平府志》的題序者就有太子太傅、文華殿大學士、兵部尚書、都察院右都御史、直隸總督李鴻章這樣的一品大員，以及廣平府知府吳中彥等。再如（乾隆）《宣化府志》題序者有直隸省提刑按察使司按察使方觀承，還有宣化府知府王畹和張志奇。（光緒）《重修天津府志》題序者有兵部尚書、都察院右都御史、直隸總督、北洋通商大臣裕祿。

（光緒）《祁州續志》題序者有保定府知府李培祜、祁州知州趙秉恒，（道光）《保安州志》題序者有保安州知州楊桂森。（康熙）《順義縣志》題序者有順天府府尹俞化鵬、順天府丞許惟模、前都察院左僉都御史黃叔琳、鴻臚寺卿冷宗昱、順義縣知縣黃成章，（康熙）《曲陽縣新志》題序者有太子太傅、保和殿大學士兼禮部尚書魏裔介。（同治）《曲周縣志》題序者有布政使銜大順廣兵備道范梁，前署知廣平府事、大名府知府李朝儀，署廣平府知府德成，廣平府知府長啓，署曲周縣知縣存祿。（同治）《續天津縣志》題序者之一有太子太保、協辦大學士、兵部尚書兼都察院右都御史、直隸總督李鴻章，太子少保、兵部侍郎、北洋通商大臣崇厚。這些品秩不同官員的參與，顯示了各級政府對修志這項公共事業的廣泛支持。

（二）在外做官的本地士人

不少直隸方志中，還有在外做官的本地士人所題的序、跋等內容。如（康熙）《元成縣志》題序者中有都察院左副都御史、邑人錢綎，（康熙）《撫寧縣志》題序者中有刑科給事中、邑人王祥，（康熙）《寶坻縣志》題序者中有太子太傅保和殿大學士兼禮部尚書、邑人杜立德，（雍正）《重修完縣志》題序者中有原任湖廣黃州府黃陂縣知縣、邑人趙廷輔，（道光）《重修南宮縣志》題序者中有原任山西平陽府曲沃縣知縣、邑人陳柱等。

以上這些題序者的職銜，雖然品秩不同，職權各異。但是從題序者的實際身份來看，多爲一地方志纂修的主修官、同修官，如知府、知縣，有的甚至是品秩更高一級的官員，如「三公」、都察院左副都御使、六部尚書、六科給事中等。由此也從另一個側面反映出清代直隸方志的官修特點。

二、序跋凡例中闡述的方志理論

清代直隸方志編修者對於方志理論的探討，主要是集中在方志的源流，以及史志關係等方志學的基本理論問題上。對此類問題，他們大部分繼承前人的傳統見解，並提出關於方志編纂的其它一些見解，這些內容也都散見其中。

（一）方志學的基本理論

1. 關於方志的源流

清代直隸修志者關於方志的源流，曾經提出多種見解。如方志源於古列國之史，「州邑之有志，原於列國之史，所以記一時之治績，後事之文獻繫焉。」〔註 1〕方志源於古代列國史，即是春秋時期各諸侯國的歷史，內容涉及比較廣泛，體現出地方志在文獻資源領域中所具有的重要地位。再如方志源於《周官》說，「志者，志也，志其事以出治道者也。《周官》小史掌邦國之志，外史掌四方之志。自宋以後郡縣始有成書，我朝風同道一，文教昌明，凡通都大郡，以至偏隅僻壤，有一邑之政，則必有一邑之志，風土、人物瞭如指掌，敧歟盛已。」〔註 2〕《周官》即《周禮》，是我國早期的宮廷官儀書，出現於戰國時期（公元前 475～221），「掌天下之地，辨九州島之國。」後人根據它的體例，記述地理、城郭、宮室、坊市、舍第、山川、遺迹等等，地理色彩濃厚，因此成爲地方志編修的一個淵源。

方志源於《禹貢》、《職方》之說，也是其中具有代表性的一種說法，「郡邑有志，仿於《禹貢》、《職方》。雖史之別派，而實即爲郡邑之史。」〔註 3〕「古地志如《禹貢》、《職方》，率皆載方域、山川、物產，備考徵而已。至《太平寰宇記》，增以人物，兼以藝文，遂爲後世志書濫觴。」〔註 4〕《禹貢》是《尚書》的一篇，主要講大禹治水的事迹，記述天下九州島的地理形勢、物產、貢賦、交通等。唐代李吉甫《元和郡縣志》即仿此例，因此也成爲方志的淵源之一。

另外方志源於《爾雅》之說，也具有一定的參考價值。認爲方志「昉於《爾雅》。司馬遷曰『書』，班固曰『志』，蔡邕曰『意』，華嶠曰『典』，張勃曰『錄』，何法盛曰『說』。餘史並承，班固謂之『志』，特史之一耳。史者，天子之書志，則郡國之史也。志者，識也，存往迹以示將來也。」〔註 5〕《爾雅》主要是按照釋詞的內容分爲十九篇，共收語詞二千零九十一組。其中釋詁、釋言、釋訓三篇解釋普通字義，其餘篇章如釋親、釋宮、釋器等，則解釋天文、地理、人事、動物、植物等事物名稱，具備歷史地理的特點，因此

〔註 1〕陳昶修，王大信等纂：（乾隆）《三河縣志》方觀承「序，」清乾隆二十五年（1760）刻本。

〔註 2〕王滌心修，郭程先纂：（咸豐）《平山縣志》史策先「序，」清咸豐四年（1854）刻本。

〔註 3〕李時茂修，趙永吉纂：（順治）《曲周縣志》王國章「序，」清順治十三年（1656）刻本。

〔註 4〕倪昌燮修，馮慶楊纂：（光緒）《吳橋縣志》劉恩溥「序，」清光緒元年（1875）瀾陽書院刻本。

〔註 5〕冼國幹修，張星法纂：（康熙）《武強縣新志》張星法「序，」清康熙三十三年（1694）刻本。

成爲方志的淵源之一。

綜上所述，不少直隸修志者明確支持方志源於史的主張，並進一步認識到方志的起源應該是多元的，它是以地理志爲母胎，輔以歷史、人物、傳聞、掌故爲身軀的血肉，逐漸發展成爲一種具有獨特體例的文獻。

2. 史志關係

史志關係是清代直隸修志者探討的另一個重要方志理論問題，他們認爲史與志存在相通之處，所以得出很多結論。如「史之遺也」說，「按周官外史掌四方之志，後世因之有邑志」的根據，各地修志「邑以內上應星躔，下辨疆域。若城池、橋宇、風俗、物產、錢穀、賦役、名賢、勳德，非志莫傳，」因此得出「志者，史之遺也」的結論。〔註6〕「史之一體」說，認爲「志者，史之一體。一縣之志，即一縣之史。」〔註7〕「猶如家乘」說，認爲「邑之有志，猶國有乘也。星野、疆域之分界，田賦、里役之規制，與及文物、官方之表績，風俗、土產之登隆，於是載焉。」〔註8〕「志即史也」說，認爲「志即史也。先哲有言『無才無學無識，不足言史』，竊以爲無才無學無識，亦不足言志，何也？志固開史之先，贊史之成，而備史家之採擇，而依據者也。」〔註9〕「志猶史也」說，認爲「夫志，猶史也。大之關國計，次之陳民膜，非究變徵實，博洽淹貫者，何葺之能？」〔註10〕「史之肇端」說，認爲「周之季也，尼聖因史以成經。漢之始也，子長變經而爲史，更易編年，立爲紀傳。史之有裨於經教也，非淺鮮矣。在國曰『史』，而在各郡邑曰『志』。志，即史之肇端也。」〔註11〕「史之流」說，認爲「志者，史之流也。周禮小史掌邦國之志，謂諸侯國志止於奠系世，辨昭穆而已；外史掌四方之志，謂郡國之記，則郡邑志所由昉也。」〔註12〕

〔註6〕陳崇砥修，陳福嘉等纂：(咸豐)《重修固安縣志》卷首舊序五「陳祝升序，」清咸豐九年（1859）刻本。

〔註7〕戚學標纂修：(嘉慶)《涉縣志》戚學標「序，」清嘉慶四年（1799）刻本。

〔註8〕黃開運纂修：(康熙)《定州志》卷十「藝文，」清康熙十一年（1672）刻本。

〔註9〕宋蔭桐纂修：(光緒)《安國縣新志稿》「序，」清光緒三十二年（1906）抄本。

〔註10〕趙端修，徐廷璟纂：(康熙)《撫寧縣志》卷十二「劉馨序，」清康熙二十一年（1682）刻本。

〔註11〕劉徵濂修，鄭大綱纂：(康熙)《獻縣志》鄭大綱「後序，」清康熙十二年（1673）刻本。

〔註12〕許維梃修，東圖南纂：(康熙)《武邑縣志》許維梃「序，」清康熙三十三年（1694）刻本。

從以上這些說法中可以看出，清代直隸方志的編修者們多從分析方志的源流入手，探討史志關係。認爲兩者之間存在深厚的淵源關係，儘管兩者的名稱與涵蓋範圍各不相同，但就其內容和體例而言，內涵和外延具有很多交叉，存在鮮明的共性。

3. 方志自身的地位和價值

關於方志的地位和價值，清代直隸方志編修者中也進行了深入的探討。既認爲「郡邑有志，補史之缺也。」〔註 13〕「國有史，邑有乘，其名異，其紀事一也。第史貴嚴，書法貴直，錄其大，不著其小。乘則取諸載，廣羅博搜，有所見，有所聞，有所傳聞，罔不登焉。」〔註 14〕方志所包含的內容一般會比史書更加寬泛一些，其價值在於能夠拾遺補缺，詳正史之所略。同時「一代之興，必有一代之志，與國史相表裏。右文者據以修詞，博古者循以考略，守土者依以鏡治。」〔註 15〕「志與史相爲經緯，而體裁較異。史貴簡而賅，志貴詳而盡，蓋必廣搜博采，兼綜眾說，然後足以盡事物之紛綸，而備史家之采擇。」〔註 16〕志與史兩者互爲表裏，相爲經緯，相輔相成的關係十分密切。

4. 史與志的區別

清代直隸方志編修者對於史與志的區別也是十分關注的，並且各自提出自己的見解。如有人認爲史和志之間，類似於姓氏「大宗」和「小宗」，「海水」和「川流」之間的關係，「邑之有志，猶朝之有史也。其不言史而言志者何？所以別於史也。譬之姓，史大宗，志小宗也。譬之水，史四海，志百川也。」〔註 17〕「志難於史」說，認爲「一邑之志，猶一國之史也，而倍難一國之史。」這是因爲史書「以事繫日，以日繫月，以月繫時，以時繫年，記遠近，別同異，遵聖人之法，而不憂其散亂。夫一邑之志則不然，官秩滿則

〔註 13〕雷鶴鳴修，趙文濂纂：(光緒)《新樂縣志》雷鶴鳴「序，」清光緒十一年 (1885) 刻本。

〔註 14〕胡胤銓纂修：(康熙)《南宮縣志》胡胤銓「序，」清康熙十二年 (1673) 刻本。

〔註 15〕陳崇砥修，陳福嘉纂：(咸豐)《重修固安縣志》卷首「舊序六，」清咸豐九年 (1859) 刻本。

〔註 16〕韓耀光修，史夢蘭纂：(同治)《遷安縣志》卷末上「志餘，」清同治十二年 (1873) 刻本。

〔註 17〕胡胤銓纂修：(康熙)《南宮縣志》魏裔介「序，」清康熙十二年 (1673) 刻本。

遷，令史不諳掌故，秉筆之徒則又掠人之長，攻人之短，斬關竊玉，入室操戈。二者交譏，其文難信，且或一世而一舉，或再世、數世而一舉，所見異辭，所聞異辭。年愈遠，說愈淆。人待世則不暇，世待人則不敢，及人及事闕焉則不傳，傳而無徵則不久。志固若斯之難也。」〔註 18〕在編纂方法上，史與志也是具有很大區別。史注重以時間爲線索，記述各方面的史實；志由於經過多人多次纂修，時間間隔長短不同，每人的角度不同，材料取捨標準不一，內容上詳今而略遠。

「郡志與史志不同。史志，志一代者也，窮原竟委，靡不畢備。郡志，志一域者也，因革損益，以地以時。」〔註 19〕指出史志差異同樣體現在時空概念上，史的時間斷限比較明確，內容寬泛；而志書的區域性突出，橫排豎寫，內容取捨視時空界限而定。「志與史似同而異，史之權操於上，賞罰寓焉。志之體輯於下，褒貶義不得專。大書特書，尤所未敢。」〔註 20〕提出史與志的區別在於前者編纂的主導權往往集中於上，賞罰寄寓其中；後者體例及編輯原則的主導權則集中於下，因此難以秉筆直書。

可以看出雖然許多清代直隸修志者從方志的源流出發，支持志書屬於歷史的範疇，但也認識到史與志的諸多差別，這種差別體現在體例、內容和編修風格等多方面。他們對方志的性質給與充分的論述，並得出相應的結論。史與志之間的相輔相成，構成兩者之間關係的實質，有助於給方志價值以準確的定位。

5. 對於方志功能的探索

對於清代直隸方志的功用，編修者們從以往的角度進行探索，仍然繼承中國封建社會修志的傳統觀點，認爲主要還是集中在資治、教化和存史三方面。

（1）資治

地方志的「資政」功能，主要源於它所記述的內容，具備「詳今略古」、「詳近略遠」的特點。方志記載史事，因爲多屬本地發生，並且記述者有不

〔註 18〕李秉鈞 吳欽修，魏邦翰纂：（光緒）《續永清縣志》李秉鈞「序，」清光緒元年（1875）刻本。

〔註 19〕紀弘謨等修，郭棻纂：（康熙）《保定府志》卷首「凡例，」清康熙十九年（1680）刻本，乾隆間增刻本。

〔註 20〕王大年修，魏權纂：（雍正）《直隸定州志》卷首「凡例，」清雍正十一年（1733）刻本。

少還是當事者，所述內容眞實程度比較大，對各級政府日常施政有重要的參考價值和借鑒作用。「民氣之盛衰，視夫吏治之得失。吏治之得失，資夫志乘之考鑒。」〔註 21〕清代直隸修志者把志視爲史的一部分，以史爲鑒，注重方志對於地方政務治理的借鑒作用。「吏於一方，必周知其山川之險易，土田之肥瘠，風俗之澆淳，規制之沿革，民生、物產之殷耗，而後可以爲治。惟代有興廢，時有盛衰，而治之隆替因之。故邑之有志，所以載古今事迹之殊。而吏之賢否，亦於茲可見也。」方志與史顯著的區別在於前者是對當代事例的介紹，後者是對過往史事的追述。如順天府東安縣「其地宜桑麻稻黍，利魚鹽，素稱膏腴。第渾河爲患，沖決不常，民多失業。曩時差重役煩，里貧不能辦公事，戶口逃亡，因而減並者過半，至於今未復。」〔註 22〕介紹當地的自然環境，反映社會弊政問題，給當政者以警示，體現出清代直隸方志編修的時代氣息。因此清代學者對於方志資治功能的論述內容，很多都集中在提供詳細地情，供當政者提供參考。「邑之有志，所以別輿地，辨土宜，考民俗，表士行，彰善癉惡，信今傳後，以垂法守者也。」〔註 23〕方志有助於各級地方當政者瞭解社會民情，認識新生事物，發現社會弊病，興利除弊。

清代直隸重視志書「資治」功能的另一主要表現形式，就是繼承並強化中國古代傳統的「民本」思想。如陸隴其修，傳維枟纂的（康熙）《靈壽縣志》中，就多處體現出可貴的「以民爲本」的思想。其序云靈壽縣「土瘠民窮，慨然思爲政者宜安靜，不宜紛更；寧損上，毋損下；寧便民，毋便官，則可矣。」〔註 24〕是志編修者以此作爲修志之宗旨，從而成爲一部名志，頗被後世所推崇。例如該縣生產一種製作玉器用的解玉砂，也稱「寶沙」。它採自深山，當時「雇工開鑿，艱難萬狀。或遇天寒土凍，錘鑿難施，羽檄交催，受累更深。康熙五年（1666）提取二萬斛，猶准開銷，每斛正價二分，腳價一分五釐。康熙十年（1671）提取一萬斛，則只准開銷正價二分，不准開銷腳價矣。康熙二十二年（1683）提取一萬斛，則不惟不准開銷腳價，而

〔註 21〕倪昌燮修，馮慶楊纂：（光緒）《吳橋縣志》倪昌燮「序，」清光緒元年（1875）刻本。

〔註 22〕土士美、李大章等修，張墀纂：（康熙）《東安縣志》李大章「序，」清康熙十二年（1673）修，康熙十六年（1677）刻本。

〔註 23〕李文耀修，張鍾秀纂：（乾隆）《東鹿縣志》李文耀「序，」清乾隆二十七年（1762）刻本。

〔註 24〕陸隴其修，傅維枟纂：《靈壽縣志》陸隴其「序，」清康熙二十五年（1686）刻本。

於正價二分之內，又核減二釐矣。皆由僻處山谷，民艱無由上達，使大部目擊吾民疲筋竭髓之狀，則豈忍復言核減乎！謹附記於此，以待憂民者之入告云。」〔註 25〕方志記述民間疾苦，社會弊病，使地方官披覽，提供救治之良方，對於地方官員施政是必備的參考。修志者視志爲史，目的在於以史爲鑒，分析方志對地方政務治理的影響。另外有些直隸方志志書編纂者還繼承孟子的「君重民輕」的思想傳統，內容上務求詳載土地、人民、政事，餘者從略。如（乾隆）《宣化府志》「凡二十餘目，以土地、人民、政事爲綱。首以紀恩見敷錫之極，又三者之綱也。土地之屬，則先以地理、星土、形勝、疆域、山川、古迹、城堡、公署。土地、人民之合，則次以鄉都、戶口。政事首田賦，次學校、典祀、塞垣、兵志者。」〔註 26〕

「民本」的理念在清代直隸方志的編修過程中，始終得到編修者的高度關注。「志書之作，以爲民也。故凡有關地方利病，生民休戚者，但有足徵，悉從甄錄，隨事立論，亦即以此旨爲宗，」「欲酌行政之緩急，當視斯民之貧富。」〔註 27〕可以說「民本」思想在清代直隸方志中的不斷閃耀，標誌着方志編修者對於方志「資治」功能認識日益深化。因此方志所具有的資治作用，有益於人，有裨於世。

方志的資政功能可以簡要概括爲：周知利害，明察興亡，以立一代綱紀。

（2）教化

中國歷代地方志另外一個重要功能就是所謂「教化」，即「志者，史之資，勸善懲惡，所以教也。」〔註 28〕方志本身之所以成爲鄉土教育的「教材」，是因爲它可以傳古信今，有裨風教，「志前人所以啓今人，志今人所以啓後人。」〔註 29〕於是注重方志的教化功用，就成爲清代直隸各地編修志書一個重要的出發點。方志歷來作爲褒揚之書，對於封建禮教所倡導的人與事，成爲所有

〔註 25〕陸隴其修，傅維枟纂：《靈壽縣志》卷三「物產志，」清康熙二十五年（1686）刻本。

〔註 26〕王者輔原本，張志奇續修，黃可潤續纂：（乾隆）《宣化府志》卷首「凡例，」清乾隆二十二年（1757）刻本。

〔註 27〕謝咼麟修，陳智纂；王億年續修，劉書旂續纂：（宣統）《任縣志》卷首「凡例，」清宣統二年（1910）修，民國四年（1915）續修鉛印本。

〔註 28〕周斯億、溫亮珠修，董濤纂：（光緒）《重修曲陽縣志》卷首「凡例，」清光緒三十年（1904）刻本。

〔註 29〕王曰翼修，高培纂：（康熙）《昌黎縣志》高培「序，」清康熙十四年（1675）刻本。

志書大加贊許的主要內容。最典型的是在人物傳記中所褒揚的人物，很多志書中人物傳所佔比例往往最大，方志的教化功能往往主要是通過對人物的推崇來反映的。而清代直隸許多志書與傳統志書相比，在這方面是有一定突破的。

如周斯億、溫亮珠修，董濤纂（光緒）《重修曲陽縣志》立意新穎，前志往往對於所載人物、風俗有褒無貶，是志則「美惡同登，以示法戒。」〔註 30〕施彥士纂修（道光）《內丘縣志》同樣敢於打破「志例不揭惡」的慣例，如隱惡之寺僧，不孝之逆子，或斃於水，或殛於天，皆載入志中，以明垂戒。「人紀」中記載忠義之程嬰、埋兒之郭巨、易老馮唐、神醫扁鵲，也饒有意味。〔註 31〕再如王大年修，魏權纂《直隸定州志》設「人物」志共二十目，分忠、孝、義、節、后妃、捐輸、掾階、封爵、宗室、封蔭、智略、文學、隱逸、人瑞、神童、方技、流寓、仙釋。同時還設「鑒戒」志共七目，分佞倖、險詐、貪黷、刻暴、罪逆、縱佚、怯懦。纂者認爲：「定之賢岸溢於簡冊，而感氣之戾間一出焉。疏而列之，令千載而下，按遺事而知警，則是後之人腐心切齒，適爲良德助矣。」因此該志自漢代至明代，所列「佞倖」類九人，「貪黷」類三人，「刻暴」類四人，「縱佚」類三人，「罪逆」類十人，「怯懦」類四人，這種類目設計在歷代方志中尚屬少見。〔註 32〕突出方志教化的特色，在清代直隸方志編修中得到充分的體現。

方志自身具有的教化功能，要求編修者記述的內容不僅要全面而準確，而且還要敢於堅持原則，秉筆直書，反映社會現實。關於方志的經世作用，主要集中在於有裨風教的問題，章學誠曾經分析：「大修志者，非示美觀，將求其實用也，」而「史志之書，有裨風教者，原因傳述忠孝節義，凜凜烈烈，有聲有色，使百世而下，怯者勇生，貪者廉立。」因此從「志乃史體」的前提出發，章學誠要求按照史家法度進行修志，以做到：「全書之命辭措字，亦必有規矩準繩，」〔註 33〕他的探討是很有見地的。正是因爲方志可以考古證

〔註 30〕周斯億、溫亮珠修，董濤纂：（光緒）《重修曲陽縣志》卷首「凡例，」清光緒三十年（1904）刻本。

〔註 31〕施彥士纂修：（道光）《內邱縣志》卷二「人紀，」清道光十二年（1832）增刻重印本。

〔註 32〕王大年修，魏權纂《直隸定州志》卷七「人物・鑒戒，」清雍正十一年（1733）刻本。

〔註 33〕章學誠：《外篇三・答甄秀才論修志第一書》，參見《文史通義》卷八，清道光十二年（1832）刻本。

今，有裨風教，所以成爲實施社會官民教化難得的鄉土化「教材。」方志不僅具有教化作用，而且其中涉及主持政務的地方行政長官的善惡。這些地方長官的言行，必然對後世產生影響，因此修志者要有歷史使命感和現實責任感，才能不負重託。

方志的教化功能可以簡要概括爲：博採風情，彰善癉惡，以裨社會風教。

（3）**存史**

存史是方志的基本功能之一。方志記述內容的範圍涵蓋歷史、地理，遠比古諸侯國史更爲具體。清代直隸方志官修制度的確立，更使方志編修成爲定制，遠則百年以上，近則數十年，每次編修都要投入大量的人力、物力，從而得以保存大量珍貴的歷史資料。

據（光緒）《蠡縣志》韓志超序載：「邑有志猶國有史也。……。蠡縣志莫詳所始，世所傳者以明備道錢君天錫所修之志爲古本。國朝順治辛卯（順治八年，1651）知縣祖君建明續之，康熙庚申（康熙十九年，1680）知縣耿君文岱又續之，迄今已幾二百年矣。其間建置之興廢，田賦之沿革，職官之去來，科目之履歷，忠臣孝子、名卿大夫、文宗詩伯、高人烈女之言行，其待採於史氏者，蓋不可勝數也。」因此「乙亥（光緒元年，1875）余攝篆斯邑時，省垣方纂修《畿輔通志》，檄各屬續修縣志，以備通志之考證。余因急謀重修以徵故實，而書既缺如，欲詢其事故，老亦罕有存者，爲鬱抑者久之，爰乃廣延文士，開館纂輯，採諸耆舊之傳聞，證以書冊之記載，益以近日之事，實歷數月而成。」作爲地方守令，應該熟知當地的政情和民情，「夫采風問俗，興廢墜，補殘缺，牧令之責也。」〔註 34〕如果對於當地的地理沿革、民謠風俗瞭解得不清楚，聽任忠孝節義遺風泯滅，文獻資料散佚，禮樂制度消亡，則屬當政者一種嚴重的失職行爲。

由於方志的編修人員往往是本地人或者任職於本地，由本地人寫本地事，並且以當今的內容爲主，因此就有「地近則易核，時近則迹眞」的優勢。另一方面修志所用的材料，主要來自編修者實地調查的原始材料，以及政府案牘、地方文獻、譜牒家傳、金石碑刻、詩文集、信劄等第一手資料，再加上有一個去粗取精的過程，因此在一定程度上保證有相當的可靠性，因此方志中保存的文獻具有很高的學術價值和社會價值。據（光緒）《鉅鹿縣志》赫

〔註 34〕韓志超、何雲誥修，張瑲、王其衡纂：（光緒）《蠡縣志》韓志超「序，」清光緒二年（1876）刻本。

愼修序載「鉅鹿舊爲河朔名郡，見於歷代郡國志，明永樂間始析爲縣，萬曆四十一年邑侯何公文極始創修縣志。國初兵燹之後，文獻凋零，斷簡殘編，舊志僅存。順治十八年邑侯王公鼐重修之。康熙二十年、五十一年邑侯陳公可宗，郎公鑒又兩次重修之，迄於今百六十年所矣。」「其間川瀆之湮塞，城池之廢修，禮制之舉行，人才之培植，里社、戶口之繁盛，人情風會之變遷，以至官師之政績，文武之科名，與夫名臣、碩儒、忠節、孝友、仁人、義士、貞婦、烈女之掩沒於下邑窮鄉間者，不知凡幾矣。」於是清光緒三年（1877），「邑侯張公春熙始議重修，延歲貢生夏應麟等司其事，嗣因年歲荒歉，稿未定而罷。皖北定遠淩公家世簪纓，崇尚文教，去年冬來蒞茲土，甫下車即以修志爲急務，而屬修以觀厥成。修以前年需次中州未預其事，自揣學識簡陋，斷難勝任，辭不獲已。今春淩公遂攜志稿殷殷下問，修受而讀之，其中義例體裁未盡，允協。因思畿輔縣志首推靈壽，宜奉爲楷模，更參以他志，略加變通。舊志原稿內爲之，定其卷次，區其門類，缺略者補之，繁冗者刪之，訛誤者正之，多寡不倫、前後失序者更定之，期於敘述詳明，論斷謹嚴爲歸。」〔註 35〕清代直隸方志記述資料豐富，內容廣泛，以其反映的地域特色，而具有獨特的史料價值。

存史是資治和教化的前提，清代直隸各地志書之所以能夠保存本地各方面大量的重要史料，最終目的仍然是爲資治與教化服務。

方志的存史功能可以簡要概括爲：備載萬物，廣徵詩文，以益史料留世。

（二）關於方志編纂的其它見解

在清代直隸方志編修過程中，很多編修者根據自身的實踐活動，對方志編纂進行精闢的提煉和總結，將其中一些感性的認識昇華爲理性的見解。這些內容也都散見於各地的方志序、跋和凡例之中。

1. 方志資料的分類原則

如（乾隆）《三河縣志》記載該志按照特定的分類原則，將所載內容分爲十四類，「如職方、形勝、建置、典禮、賦役、鄉閭、風物、職官、選舉、兵防、水利、人物、雜識、藝文，」又以十四類分爲若干卷，「於類之中，又別爲節目若干條。而以古迹附形勝，以積貯附賦役，以存恤附典禮，以保甲附鄉閭。其它比類稱名，各依其類，以無失體要之義焉。」同時志書各卷次要

〔註35〕淩燮修，赫愼修、夏應麟纂：（光緒）《鉅鹿縣志》赫愼修「序，」清光緒十二年（1886）刻本。

按照一定的原則，進行嚴格的排列。「夫星紀攸分，疆域始定，則職方固宜首列矣。詳定山川，安流奠峙，形勝次之。國有興立，沿革相仍，則建置次之。城邑既作，秩祀斯崇，則典禮次之。任土以作貢，度地以居民，觀風以問俗，故次賦役，次鄉閭，次風物。官師所以式一方，縉紳所以型四境，故次職官，次選舉。捍禦所以弭寇盜，灌溉所以備水旱，激勸所以勵人倫，故次兵防，次水利，次人物，而邑之可傳者具是矣。他若軼事見於他說，遺言可作箴規，亦搜羅所必及也。故次以『雜識』名，公卿遺澤之留，賢士夫贈答之什，亦經術之一助也。故終以『藝文』閱者，以序求之，不有先後互相發明者乎。」〔註 36〕根據是志涵蓋的相關內容，提出具體分類、編輯的原則，各門類目進行平目撰寫。

清代直隸方志所蘊涵的內容是豐富的，無論是門類設置，材料取捨，還是體例制定，以及序跋、凡例的規定，都具有明確的原則，體現出志書編修者本身的較高素質，以及科學與嚴謹的態度。（光緒）《臨漳縣志》首載：「舊志目例間有參差，今於各目之中又分子目，以期顯豁。」〔註 37〕而（光緒）《唐山縣志》載：「康熙志共分四卷，每門冠以小序，揭明其旨也。茲分十二卷，每門細載條目，有各為一序者，有共為一序者，務求豁目醒心，若網之在綱，轂之統輻。」「某類、某條之下，當有論辨而採取成說者，則注明某書或某人。舊志有論辨者，則注明『康熙志』云云。其間附管見者，則冠以『按』字。」〔註 38〕

這些充分說明清代直隸方志的編修，往往立足於舊志的基礎之上，較之舊志門目設置更加細緻，條目分類更加明確。其中或每篇各為一序，或幾篇共為一序，從而使各部分的記載有章可循。志書內容不僅進一步豐富，而且徵引文獻資料，來源標注準確，再加按語。這些做法都值得後世修志者認真借鑒。

2. 記述資料搜集與編纂原則

如（咸豐）《固安縣志》闡述資料搜集與編纂原則，「舊志選舉兼載監生、

〔註 36〕陳昶修，王大信等纂：（乾隆）《三河縣志》卷首「凡例，」清乾隆二十五年（1760）刻本。

〔註 37〕周秉彝修，周壽梓、李燿中纂：《臨漳縣志》卷首「凡例，」清光緒三十年（1904）刻本。

〔註 38〕蘇玉修，杜靄、李飛鳴纂：（光緒）《唐山縣志》卷首「凡例，」清光緒七年（1881）刻本。

掾吏，今因簡缺，故未附列，其有仕迹表著者載入人物。舊志人物列文治武功，今擇其有仕迹者列仕迹，有文翰者列文翰，而以武功附焉。……。而事迹昭著者，分載名臣、仕迹、忠節、孝友各門，非立異也，重人才也。」孝友則「必曾經旌表者方入，不可濫也。今前所列，悉依舊志。其近代採訪善行可傳者，列爲義行。」而列女志「於舊志全載外，近時採訪既經核實，已旌未旌一概敘入，使苦節不致湮沒，」明確本志名宦、仕迹、忠節、孝友、義行、列女等各類人物的立傳原則。〔註39〕（乾隆）《熱河志》則提出該志史料運用原則爲「引書以正史爲據，正史不足則旁引諸書，」〔註40〕明確指出本志在史料運用上以正史爲主，其它文獻爲輔。而（乾隆）《三河縣志》「取義彰善癉惡，史家之法，即史家之義也。顧史備勸懲，故善惡兼舉。」〔註41〕闡述該志編修者從志屬史的理念出發，在志書編纂上也採取秉筆直書的原則。

清代直隸方志的編修立足於舊志的基礎之上，較之舊志資料來源更加翔實，門目設置更加具體，條目分割更加科學，從而使志書記載的內容有章可循，有條不紊，更加系統和完備。清代直隸志書不僅內容更加豐富，而且旁徵博引，文獻資料來源標注準確，再加按語詳解。這些做法都値得後世修志者認眞思考和借鑒。

第二節　清代直隸方志中的自然地理

清代直隸自然環境複雜，山川縱橫，名勝眾多，礦藏資源豐富，動植物種類很多，爲人們日常生產和生活提供了便利的條件。同時各種自然災害頻仍，給人民的生命和財產安全直接造成很大的威脅，防災減災的任務十分繁重。這些內容在清代直隸方志中，反映得十分具體和明確。

一、山川名勝

清代直隸方志將對山川名勝等區域自然地理方面的記述，作爲一項重要內容收錄到各地志書中：

〔註39〕陳崇砥修，陳福嘉纂：（咸豐）《固安縣志》卷首「凡例，」清咸豐九年（1859）刻本。

〔註40〕和珅、梁國治纂修：（乾隆）《熱河志》卷首「凡例，」清乾隆四十八年（1783）刻本。

〔註41〕陳昶修，王大信等纂：（乾隆）《三河縣志》卷首「凡例，」清乾隆二十五年（1760）刻本。

（一）重要山川的源流、流域自然環境和名稱沿革的記載

清代直隸方志對各地山川源流、流域自然環境和名稱沿革的記載，成爲志書中一項不可缺少的內容。如海河是我國北方一支重要的河流，幹支流水系遍及華北多個省市。（乾隆）《天津府志》中對海河流域內的幹支流情況進行精密的考辨，對研究海河水利史具有重要的參考價值。如海河幹流爲「南北運河之會流也。自天津東北三岔口迄大直沽口，長一百二十里，溪廣崖深，奔流湍駛，潮汐迎之，則逆行而上，《禹貢》所謂『逆河』是也。」對海河幹流的起源、長度和流域的自然環境，該志進行了具體的介紹。而對於海河流域主要支流情況，是志同樣記載得十分明確。如北運河「古沽水也，亦曰『潞河』。源出宣化府赤城縣，流經口外密雲縣之石塘嶺關，過密雲縣西，又南逕懷柔縣東，又南逕順義縣東，又南逕通州北，又屈逕其東南，又逕香河縣西南，折而東南入武清縣界，又東南達天津府之三岔河，由直沽入海。」文中對於北運河的起源和流向的整體狀況，記述得十分翔實。

再如是志還就《水經》、酈道元《水經注》、《漢書・地理志》、《元史・河渠志》、《讀史方輿紀要》、《大明一統志》、《通州志》、《順義縣志》等多種文獻中，有關南運河沿途流向及所滙入支流的數十條支流情況，介紹得十分具體。如南運河即「古清河也。源出河南衛輝府輝縣蘇門山，東流經新鄉、汲縣，又東北由濬縣，歷彰德府之內黃，合漳入魏縣南界，又東經大名縣東南，又東北抵府城，又東北入山東館陶縣界，歷武城縣、恩縣入河間府故城縣南，又東入山東德州界，又東北徑河間府景州，東歷吳橋、東光、交河、南皮、滄州、青縣，合滹沱及漳河，又東北逕靜海縣西，又東北逕天津縣北，又東與白河會爲三岔河，」並就《禹貢》、《爾雅》、《尙書正義》、《太平寰宇記》、《大陸澤圖記》、《通志》、《元史・郭守敬傳》、《大明一統志》等多種文獻中，有關南運河流域變遷以及滙入的數百條支流的概況，認眞列舉，並且考證精詳。〔註 42〕清代直隸方志中這些翔實的文獻資料，爲我們研究清代海河流域的水系、水文特徵，考察河流變遷，充分利用和保護這一區域內的水資源，提供了充分而可靠的佐證材料。

（二）各地名勝的記述和考辨

清代直隸方志中對各地旅遊資源和景點的記載，同樣是十分的具體。如

〔註 42〕 李梅賓、程鳳文修，吳廷華、汪沆纂：（乾隆）《天津府志》卷六「山川志，」清乾隆四年（1739）刻本。

「七十二沽」曾經是天津歷史上富有代表性的自然景點之一，但這僅僅是一個較爲模糊的數字和概念，對它們的名稱、由來、坐落方位等情況，有關方面歷來缺乏一個明確的定論。

而（同治）《續天津縣志》中對「七十二沽」的數量和坐落方位，都曾經進行過精詳的考辨，可以彌補這一缺憾。是志記載天津雖然號稱「有七十二沽之名，」但天津縣境內「實只二十一沽。」具體名稱分別是丁字沽、西沽、東沽（東沽在窯窪，見明時窯窪元帝廟磐石文曰『東沽港村』，今元帝廟改淨土院）、三汊沽、小直沽、大直沽、賈家沽、邢家沽、鹹水沽、葛沽、元沽、草頭沽、桃源沽、盤沽、四里沽、鄧善沽、郝家沽、東泥沽、中泥沽、西泥沽、大沽。」文中一一介紹天津縣境內的二十一沽的名稱，同時附帶介紹這二十一沽名稱的來源，「此二十一沽，從西潞河名也，西潞河一名『西沽河。』」除天津縣境內的二十一沽外，在寶坻縣還有二十九沽，名稱分別是翦子沽、南寨沽、五道沽、小塔沽、又小塔沽、王家沽、曹家沽、葫蘆沽、青稗沽、於家沽、梁家沽、貂子沽、西魯沽、東魯沽、菱角沽、矼石沽、塔沽、牛截沽、大澱沽、瑪瑙沽、大駱里沽、小駱里沽、大沽、灘沽、北李子沽、南李子沽、八道沽、傍道沽、西莊沽。另外在寧河縣還有二十二沽，名稱分別是齊家沽、南沽、江石沽、大麥沽、傍道沽、捷道沽、麥子沽、東槐沽、中興沽、北澗沽、盤沽、南澗沽、鈎樓沽、漢沽、馬杓沽、李家沽、又李家沽、蟶頭沽、寧車沽、塘兒沽、田家沽、豐家沽。寶坻和寧河二縣共五十一沽，名稱來源「從東潞河名也，東潞河一名東沽河。」〔註43〕至此根據（同治）《續天津縣志》中的有關記載，天津七十二沽的名稱、來源及分佈情況已經基本明確。

此外（乾隆）《天津府志》不但有類似的記載，而且對其中一些沽準確的地理方位和名稱的由來，利用大量的文獻資料，進行了更爲詳細的考證。如關於西沽，「《畿輔通志》：在天津縣東北，自順天府武清納三角澱之水與白河會，而入於直沽。《讀史方輿紀要》：河形如丁字，故又名『丁字沽』。」又如關於葛沽，「《畿輔通志》：在天津縣東六十里，相近有大沽，明天順初開，以通薊州運道者也，亦曰『新河』。」再如關於小直沽，「《畿輔通志》：在縣東南。《讀史方輿紀要》：小直沽即『宋泥沽』也」等等。方志中的這些記載，

〔註43〕吳惠元修，蔣玉虹、俞樾纂：（同治）《續天津縣志》卷七「河渠，」清同治九年（1870）刻本。

爲研究當今天津的地情地貌，開發天津的各類旅遊資源，提供許多非常有力的佐證資料。〔註 44〕

再如永平府昌黎縣瀕臨渤海灣，自古多名勝古迹，旅遊資源豐富，碣石山就是當地具有代表性的著名景點之一。清代先後編修多部《昌黎縣志》，其中對於秦始皇巡遊天下，刻銘碣石；魏武帝曹操征烏桓，觀滄海；唐太宗李世民征高麗，刻銘碣石的遺址的考辨和詩文的收錄，都成爲這些志書中「地理」、「藝文」、「大事記」等門目中所記載的特色內容之一。而（同治）《昌黎縣志》卷二《地理志》「山川目」中對於「碣石」記述的內容，主要是圍繞新舊《永平府志》，以及《漢書・地理志》、《畿輔通志》等文獻中，關於碣石山明確的地理方位和地形特點記載中存在的歧義，一一進行認眞的考證，逐一辯誤，並得出較爲準確的結論，這對於當今開發昌黎一帶的旅遊資源，同樣具有重要的參考價值。〔註 45〕

清代直隸各地的每一部方志中都着重介紹本地主要風景名勝的情況，這是長期以來當地人民對本地風景探索、建設及保護的歷史精華，因此具有重要的參考價值。如今各地開發本地旅遊資源，不少正是依據當地方志中原始材料進行建設和保護的。

二、物產資源

物產資源包括各類動植物資源，不但爲人類提供木材、食品、毛皮、藥材等各類生產和消費資源，並且成爲各地生態系統的核心。清代直隸方志中物產資源信息十分豐富，集中體現在關於「物產」的記載上。「物產」既是各地自然地理的重要組成部分，也是各種清代直隸方志中一個重點記述的門目。清代直隸方志對各地物產（包括動植物），利用濃重的筆墨進行記述。形式上一般採取整體介紹和重點介紹相結合，內容顯得十分貼切和具體。

（一）整體介紹

清代直隸每種方志對當地物產的記載，都是十分豐富的。如（乾隆）《武清縣志》記載當地穀類（糧食作物）二十七種，蔬類（蔬菜）三十四種，果類（水果）三十六種，木類（樹木）十種，花類（花卉）四十二種，藥類（中

〔註 44〕李梅賓、程鳳文修，吳廷華、汪沆纂：（乾隆）《天津府志》卷六「山川志，」清乾隆四年（1739）刻本。

〔註 45〕何崧泰修，馬恂、何爾泰纂：（同治）《昌黎縣志》卷二「地理志」、卷八「藝文志」、卷九「大事記，」清同治五年（1866）刻本。

草藥）三十七種，草類（草本植物）十二種，禽類（飛禽）三十三種，獸類（動物）十六種，鱗類（魚類）十二種，蟲類（昆蟲）二十四種，貨類（手工產品）二十一種，種類十分可觀。〔註 46〕這些對於瞭解武清地方的自然環境和物產資源，發展地方經濟是十分有利的。

再如（乾隆）《博野縣志》則在詳細統計本地動植物種類的基礎上，進一步根據當地生態環境，摸索出「某物相適，某物相宜，某物最多，某物最少，某物爲盛，某物爲下，某物易生」的規律，用於指導當地的農業生產和百姓的日常生活。如麥類品種有小麥、大麥、春麥，就其品質而言，以「蕎麥爲下」。當地蔬菜類品種有芹菜、芥菜、蔥、韭菜、匏瓜、茄子、白菜、苦菜、萵苣、藤蒿、芫荽、葫蘆、蘿蔔、蔓菁，而其中馬齒莧對土壤條件要求低，「尤爲易生」，容易種植。樹木類品種有楊樹、柳樹、榆樹、椿樹、槐樹、桑樹、柏樹，其中「而垂楊最少」。花卉類品種有芍藥、蓮花、菊花、海棠、探春、迎春、紫荊、雞冠、月季、鳳仙、石榴、玉簪、棣棠、丁香、牽牛、薔薇，其中「蜀葵最多」。草類品種有萱草、蒿草、蘆葦、蓬菅、蒼茸、蒺藜、落藜，其中以「苜蓿最爲適用」。食品和日用品種類有油、酒、醬、醋、蜂蜜、蘑菇、豆腐，以及紅花、黃蠟、布、絲，日常使用中「而木棉爲盛」等。〔註 47〕直隸方志中所記載的這些人們在日常生產、生活中摸索和總結出來的規律，反過來對進一步指導當地的農業生產，合理安排人們日常的生活，都具有重要的參考價值。

（二）重點介紹

1. 詳細分列各地重要的植物資源

清代直隸許多地方，都具有不少本地特色的植物資源，這些在有關方志中得到充分反映。

中草藥歷代就是我國醫學資源寶庫中不可或缺的組成部分，在民間日常生活中受到普遍的重視，並在臨床上得到廣泛應用。清代直隸方志中大量記載了各地品種豐富的中草藥材，如安國縣在清代稱爲祁州，自古以來作爲我國歷史上著名的「藥都」，那裡具有豐富的中草藥資源。有關方志中對當地中

〔註 46〕吳翀修，曹涵、趙晃纂：（乾隆）《武清縣志》卷四「物產，」清乾隆七年（1742）刻本。

〔註 47〕吳鏊修，朱基、尹啓銓纂：（乾隆）《博野縣志》卷一「物產，」清乾隆三十一年（1766）刻本。

草藥材狀況，介紹得十分具體。（乾隆）《祁州志》「物產目」記述穀、蔬、藥、禽等共達二百四十餘種，其中對於安國名產——藥材，如「枸杞，黑白醜，紫蘇，菟絲子」等共計三十四種草藥，一一進行詳盡的介紹。〔註48〕再如（道光）《保安州志》「物產目」同樣記載和介紹當地的中草藥的品種和名稱，如「甘草、黃精、黃芩、扁竹、紫草」等，共計達六十三種之多，地方物產特色十分鮮明，內容非常豐富，爲人們日常的利用和研究提供了很大的便利條件。〔註49〕再如蜜桃一直是直隸深州的特產，歷史悠久，久負盛名，深州歷代方志中對於深州特產「蜜桃」，分別一一進行具體的介紹。如（雍正）《直隸深州志》記載蜜桃「種類不一，內有佳品。」（乾隆）《直隸深州總志》則記載蜜桃之中「多佳品。」（同治）《深州風土記》更是認眞考證深州蜜桃的由來和成名過程，「據王子年《拾遺記》云『漢明帝時，常山獻巨核桃，霜下始花，隆暑方熟，』今案據吏部爵秩書。深州土產曰『桃，』往時有『桃貢，』道光時張傑裁之。直隸之桃，深州最佳，謂之『蜜桃。』」〔註50〕以上方志中記載的內容，對於今天開發深州一帶的自然資源，發展當地特色經濟十分有益。

2. 重要野生動物的記載。

清代直隸許多地方由於具有特定的生態環境，適宜大量野生動物的繁育和生長，成爲保護當地優良生態環境重要的組成部分。這些內容在有關方志中也有不少記載。如（乾隆）《欽定熱河志》中「物產門」之「獸屬目」所載「口外產虎自昔爲眾」，與巡典門多次「行圍殪虎」的記載，是研究我國東北虎分佈情況不可多得的珍貴資料。

是志記載「《元史》稱松州知州布薩圖格（舊作「僕散禿哥」，今改正）前後射虎以萬計，以是知口外產虎自昔爲眾，今塞山多有之。蒙古謂虎爲「巴圖」，圍場中地及府屬境內諸山，多有稱『巴爾圖』者，皆以有虎處得名，」清朝皇帝「每歲駐蹕山莊，常命虎槍人殺虎，至行圍時親御虎神槍，殪及射獲者，爲數尤不可勝舉。」〔註51〕多位清朝皇帝每年駐蹕熱河山莊，頻繁外

〔註48〕羅以桂等修，張萬銓、刁錦纂：（乾隆）《祁州志》卷八「賦役志・物產，」清乾隆二十一年（1756）刻本。

〔註49〕楊桂森纂修：（道光）《保安州志》物部卷一「物產，」清道光十五年（1835）刻本。

〔註50〕吳汝綸纂修：（同治）《深州風土記》記二十一「物產，」清同治十年（1871）纂，光緒二十六年（1900）文瑞書院刻本。

〔註51〕和珅、梁國治纂修：（乾隆）《欽定熱河志》卷九十五「物產四，」清乾隆四十六年（1781）刻本。

出，行圍採獵射虎，反映出當時口外一帶自然環境保護狀況尚屬優良，生態平衡比較理想，因此東北虎的繁殖十分興旺。

三、自然災害

清代直隸各地自然災害頻仍，水、旱、地震、海嘯、疫病等現象屢有發生，其中有些災害造成的損失還很嚴重，在當時影響範圍很大。對於這些自然災害發生的情況，以及當時各級政府採取防災減災的舉措，清代直隸方志中都有不少翔實的記載。

（一）水旱災害

清代直隸一帶屬於自然災害多發地區，每年都發生水、旱、蝗和疫病等災害，這些內容在各地方志中都有反映。

如清順治五年（1648）夏六月保定府蠡縣遭受嚴重蝗災。是時「飛蝗自關西而來，入故關分三營：一向南，一向東，一入眞定北向。飛可蔽日，其大如鶉，寬十餘里，長四十餘里。落於樹，其枝如碗口大者盡傷。落於禾，盡掩，應食者莖穗盡食。」當地的植物和農作物損失慘重，農業生產受到重創。〔註52〕關於此次蝗災具體的波及範圍，「蠡城西北受傷，東南無恙。」〔註53〕而清康熙四年（1665）廣平府肥鄉縣發生水災，「大水注城，四門角樓、官署、民舍俱壞。至七月初二日，雨盆傾七晝夜不止，城中水盈數尺，四關疊路上皆沒並人腰。西北堤角蟻隙浸液，無處取壤，不能塡塞，遂至人決沖城，城中大半奔走，」房屋倒塌大半，給當地人民的生活帶來重大損失。〔註54〕而清乾隆八年（1743）夏六月間正定府無極縣則遭受嚴重旱災。該縣當年閏四月，「入夏后三月不雨，六月初亢旱，熱甚，時有焦木氣觸人。初伏數日，人民中暍即斃斃，日數十人。人惴惴不自保，相近數百里皆然。」〔註55〕持續的旱災，加上高溫酷暑，最終導致各種疫病的集中爆發，給當地人們日常的生產和生活帶來嚴重的影響和損失，甚至危及生命。

〔註52〕祖建明纂修：（順治）《蠡縣續志》卷三「祥異，」清順治八年（1651）刻本。

〔註53〕韓志超、何雲誥修，張瑲、王其衡等纂：（光緒）《蠡縣志》卷八「災祥志，」清光緒二年（1876）刻本。

〔註54〕王建中修，宋錦纂：（雍正）《肥鄉縣志》卷二「災祥，」清雍正十年（1732）刻本。

〔註55〕黃可潤纂修：（乾隆）《無極縣志》卷三「災祥，」清光緒十九年（1893）補刻本。

類似這樣的記載在清代直隸各地方志中比比皆是，對此類資料進行認真的搜集和整理，進行科學的研究，有助於探討清代直隸荒政的經驗教訓，對做好當今的防災減災工作，充分保障人民群眾的生命和財產安全，把損失降到最低程度，具有很好的借鑑價值。

（二）疫病流行

清代直隸一帶曾經是疫病流行的高發區，不僅各種疫病爆發的頻率較高，而且涉及的範圍比較廣，加上當時的衛生保健條件極端缺乏，因此疫病給當地民眾的生命帶來了直接的威脅。有關內容在直隸各地方志中都有十分具體的記載。

如清順治元年（1644），天津衛「人染異病，十喪八九，親友不敢相弔，俗傳爲『探頭病』。」〔註 56〕同年九月，宣化府涿鹿縣發生大疫，「保安衛沙城堡絕者不下千家，生員宗應祚、周之禎、朱家輔等皆全家疫歿，雞犬盡死。」〔註 57〕而順德府內邱縣在入清以後，曾經多次爆發疫病。如清「康熙七年（1668）三月，瘟疫大行，男女幼者出紅瘢如疹，俗稱『蝦蟇瘟』。」「嘉慶二十一年（1816）七月至明年二月，各村人發瘧子，不論男女大小，死者大半，名『老鴉』。」「道光元年（1821）六月間，人得吐瀉病，肚、腿疼。有當日死者，有二、三日死者，人死大半，不敢弔」等。〔註 58〕說明當時疫病不僅曾經在清代直隸很多府州縣發生和流行，而且種類十分複雜，頻率很高，因此疫情十分嚴重。加之當時衛生保健條件落後，這些疫病的發生及流行，給當地民眾生命和身體健康造成直接的威脅。

（三）地震

清代直隸地區處於我國十分活躍的地震帶上，在這裡曾經發生過很多次大大小小的地震，給當地人民的生命和財產安全帶來巨大的損失。這些內容在清代直隸各地方志的記載中可謂比比皆是，其中尤以清康熙十八年（1679）發生的直隸順天府三河——平谷地震，最具有代表性。此次地震活動以強度大，波及範圍廣，損失慘重，屬於清朝歷史上著名的八大地震之一，在中國

〔註 56〕薛柱斗修，高必大纂：（康熙）《天津衛志》卷三「災變，」清康熙十四年（1675）刻本。

〔註 57〕寧完福修，朱光纂：（康熙十一年）《保安州志》卷二「災異，」清康熙十一年（1672）刻本。

〔註 58〕施彥士纂修：（道光）《內邱縣志》卷三「疫癘，」清道光十二年（1832）增刻重印本。

歷代地震史上也佔有重要的一席之地。

此次地震活動發生時間康熙十八年七月二十八日（公元 1679 年 9 月 2 日），方位：北緯 40.0，東經 117.0°。震級：8。震中烈度：XI。震中位於今河北省大廠縣的夏墊鎮。據史料記載，地震發生時人不能站立，飛沙揚石，黑氣障空，不見天日。受災地區以三河、平谷最重，香河、武清、寶坻次之，薊州、固安又次之。從通州到三河，所在城牆全部倒塌，屍體堆成山丘，幸存者寥寥無幾。其中三河縣受災慘重，震後城牆和房屋存者無多，全城只剩下房屋 50 間左右，死亡 2677 人；地面開裂，黑水帶沙湧出；柳河屯、潘各莊一帶地面下沉 0.7～3.3 米不等。當時的三河知縣任塾撰寫了《地震記》，以親身經歷，比較客觀、系統地記錄了災情，詳述地震發生的全過程。該文雖然只有區區千餘字，但卻是研究華北地區地震史不可多得的一手資料，參考價值十分重要。

該文首先眞實而具體描繪這次地震發生的場景，「康熙十八年（1679）己未七月二十八日巳時，余公事畢，退西齋假寐，若有人從夢中推醒者，視門方扁，室內卻無人。正惝怳間，忽地底如鳴大炮，繼以千百石炮，又四遠有聲，儼數十萬軍馬颯沓而至。」同時看見「窗牖已上下簸蕩，如舟在天風波濤中。」不久房倒屋塌，任塾本人來不及逃出，被困在廢墟裏面，耳、牙齒、腰、肱等部位都受傷，後來借助於他人的施救而得以幸存。地震導致大地嚴重開裂，「蓋地多拆裂，黑水兼沙從地底湧泛，有騎驢道中者隨裂而墮，了無形影。」同時本次地震引發其它多種次生災害，「頃之又聞呼大火且至，乃傾壓後竈有遺燼從下延燒而然，急命引水灌之。」同時這次地震導致當地地面塌陷十分嚴重，據「次日人報縣境較低於舊時，往勘之，西行三十餘里及柳河屯，則地脈中斷落二尺許，漸西北至東務里，則東南界落五尺許，又北至潘各莊，則正南界落一丈許。闔境似甑之脫壞，人幾爲魚鼈，豈惟陵谷之變已邪？」加之伴隨此次大地震而來的大大小小餘震不斷，「自被災以來，九閱月矣，或一月數震，或間日一震，或微有搖抗，或勢欲擢蹦，迄今尚未鎮靜」，影響持續很長一段時間。

至於此次地震造成當地民眾的生產和生活設施損毀嚴重，民眾死傷慘重，對於這方面的具體情況，是志也有詳細的記載。「舉目則遠近蕩然，了無障隔，茫茫渾渾，如草昧開辟之初」滿目蒼夷。民眾死傷不計其數，如有「從瓦礫上奔入一婢，指云主母在此下，掘救之，氣已絕。慟哭間，問兒弟云：『汝輩幸無恙，餘三十口何在？』答云在土積中，未知存亡，乃俯而呼，有應者掘出之。大抵床幾之下，門戶之側，皆可賴以免，其它無不破顱折體，或呼不應則不救矣。」「旋聞劫棺槨，奪米糧，紛紛攘攘，耳無停聲。因扶傷出撫循，茫然不得。街巷故道，但見土礫成丘，屍骸枕藉，覆垣欹戶之下，號哭呻吟耳不忍聞，目不忍睹。」震後房屋、橋梁等生活和交通設施毀損情況十分嚴重，「歷廢城內外計剩房屋五十間有半，不特柏梁松楝倏似灰飛，即鐵塔石橋，亦同粉碎。」再加上民眾死傷無數，屍橫遍野，正值酷暑，天氣炎熱，以致於「歸謀殯，孺人覓一裁工無刀尺，一木工無斧鑿，不得已爲暫蒿埋畢，舉家至晚不得食。」

清朝中央和地方各級政府也相繼採取一定的賑災減災措施，應對此次地震。據記載「八月初一日鑾儀衛沙必漢奉上諭，着戶工二部堂官一員查明具覆，施恩拯救。閣臣會議具請奉旨著侍郎薩穆哈去。初六日薩少農到縣散賑城南窮民五百二十九戶，十六日戶部主事沙世到縣散賑鄉村窮民九百四十一戶，戶各白金一兩。十八日又傳旨通州、三河等處，遇災壓死之人查明具奏。」「八月初九日上諭通州、三河等處重災地方，分別豁免錢糧具奏。」「最重者應將本年地丁錢糧盡行蠲免，次者應免十分之三，又次者應免十分之二。具疏題奏，奉旨依議，三河地丁應得全蠲。……。民始漸得策立，骨月相依。其不幸至於流離鬻賣者，十之一二而已。」「九月十五日工部主事常德筆帖式武寧塔到縣散給壓死民人、旗人，男婦大小共兩千四百七十四名口，又無主不知姓名人二百三名口。內孩幼不給，旗民死者另請旨，並無主不知姓名，地方官料理外，將壓死男婦一千一百六十八名口，人給棺殮銀二兩五錢，伊親屬具領訖。」此次受災情況，「三河、平谷最重，香河、武清、寶坻次之，薊州、固安又次之。」

任塾所撰《地震記》從地震發生的眞實情景，給當地民眾帶來生產和生活雙重的巨大損失，以及當時清朝從中央到地方各級政府所採取賑災工作的具體措施等，各個方面都進行了比較客觀而眞實的反映，資料十分翔實，對於今天研究華北乃至全國的地震災害史，做好防災減災工作，具有不可多得的參考價值。

這次地震是中國歷史上的強烈地震之一，波及範圍十分廣闊，「東至奉天之錦州，西至豫之彰德，凡數千里，」超出當時直隸省的轄區範圍。〔註 59〕

〔註 59〕任塾：《地震記》，參見陳昶修，王大信等纂：(乾隆)《三河縣志》卷十五「藝文志上，」清乾隆二十五年（1760）刻本。

給當地及周邊廣大地區民眾的生命和財產安全，都曾經造成極爲嚴重的損失。因此在當時的直隸各地不少方志中，都對本次地震有過不少詳細記載。根據清康熙四十三年（1704）張朝琮修，崔顏、鄔棠等纂的《薊州志》記載，當時薊州「地大震，有聲遍於空中地內，聲響如奔車，如急雷，天昏地暗，房屋倒塌無數，壓死人畜甚多，地裂深溝，縫湧黑水，甚臭。日夜之間頻震，人不敢家居。」〔註 60〕可見此次地震在當時直隸一帶影響之大，波及範圍之廣。

（四）渤海灣的海嘯

渤海灣在清代曾經多次發生海嘯，給直隸沿海地區民眾生產和生活設施帶來很大的損失。清代直隸有關方志中對這類自然災害情況的反映，同樣是十分豐富和具體的。

1. 海嘯發生的時間及景象

清代渤海灣一帶發生的海嘯活動主要集中在夏季，成因也不同。其中有的是由風暴潮引起的，這是因爲夏季從海上吹來的風，引起海平面上昇和海水淹沒陸地，相反地從陸地上吹來的引起減水風，把海水趕離海岸，而在平坦的海岸上則把很大地區中的海水排乾。增水、減水的現象，在地勢低平的薊運河口、灤河表現得十分明顯。這種現象導致海潮倒灌，造成洪水泛濫的現象在夏天發生的概率尤其相對較高。如永平府樂亭縣在清「乾隆二年（1737）六月，海潮逆河上，沿海禾稼淹。」「乾隆十五年（1750）夏五月，大風雨，海潮逆河上，沿海田廬、禾稼淹。」清「道光二十五年（1845）夏四月，海嘯，上溢二十餘里，漁舍盡沒。」〔註 61〕由於薊運河河曲很多，海潮倒灌現象在一定程度上有所遏制，但是沿海河流兩岸爲海水淹沒的情況，則時有耳聞。漢沽一帶成爲海潮倒漾的重點區域，潮水在此宣泄遲緩，容易造成洪水泛濫。薊運河每日兩潮遠時可達薊州之白龍港，潮來之時河水逆行，平時尚可，如有汛期則阻水宣泄，形成決岸破堤。因此「邑每遇伏汛，水流至海，而沿海一帶陡高丈許，遮截內水，若驅之使回者，邑人謂之『攔江』。直待白露後，漸就平。」〔註 62〕

〔註 60〕張朝琮修，崔顏、鄔棠等纂：（康熙四十三年）《薊州志》卷一「疆域志．祥異，」清康熙四十三年（1704）刻本。

〔註 61〕游智開修，史夢蘭纂：（光緒）《永平府志》卷三十一「紀事下，」清光緒五年（1879）敬勝書院刻本。

〔註 62〕丁祥九修，談松林纂：（光緒）《寧河縣志》卷十六「雜識，」清光緒六年（1880）刻本。

另一種海嘯不是由風暴潮引起的，而是由海底火山爆發引起海震而導致的。它不是表現在海面上，而是發生在平靜如鏡的大海深處，在震中一帶方可看到像水在鍋裏沸騰一樣，由此造成很高的海浪，這些海浪靜悄悄地出現在沿海，然後突然襲擊海岸，造成陸地上的人畜傷亡和財產損失。這種海嘯發生時，所帶來的景象同樣是十分壯觀的。如順天府寧河「縣東南逼海，遇辰戌、丑未年春夏之月，潏火潛發，洪波沸揚，焦橑灼楹浮溢海面，百里內外蒸然不可嚮邇。邑人謂之『海燒。』」〔註 63〕而順天府寶坻縣境「東南逼海，茲海之下，龍宮在焉。醜類不戒，時焚其廬。其燒也，以辰戌、丑未年春夏之月，潏火潛發，洪波沸揚，焦橑灼楹浮溢海面。百里內外，人家牆垣門廡蒸蒸然，不可嚮邇。」〔註 64〕

利用有關清代直隸地方志中翔實的文獻資料，研究清代渤海灣一帶多次發生海嘯的原因和規律，對於今天做好防災減災的工作，同樣具有很重要的參考價值。

2. 海嘯造成的損失

以天津爲中心的渤海灣海濱地區盛產海鹽，自古就是我國著名的產鹽區之一。集中於清代直隸天津府境內的鹽場就有十一座之多，其中天津縣有富國、豐財二場，靜海有興國場，滄州有嚴鎮、利民二場，鹽山有阜民、利國、海豐、富民、海盈、阜財等六場。頻繁發生的海嘯，曾經給這一帶幾大鹽場正常的生產和鹽工的生活設施，帶來很大損失，相關情況在清代直隸有關方志中也有大量的記載。

如清乾隆四十六年（1781），「豐財、蘆臺二場猝遇風潮，灘副被淹，」巡鹽御史伊齡阿奏准「照節年借帑修灘之例，分別借給。稍有力者，每工借銀五兩。次無力者，每工銀八兩。極無力者，二十兩。俾趕緊興修，以資曬運，分限六年，於每年採鹽後，扣存鹽價歸款。」乾隆五十四年（1789）「巡鹽御史穆騰額奏准，豐財、蘆臺二場本年雨水過多，海潮漲溢，灘副全行淹沒，請照歷次借帑修灘舊例，分別借給。需工本銀四萬二千七百八十四兩，於本年秋撥實存引課項下支給，分限六年，完繳歸款。」清嘉慶六年（1801）「巡鹽御史那蘇圖奏豐財、蘆臺二場，本年六月河水漲溢，又兼海潮逆頂，

〔註 63〕關廷牧修，徐以觀纂：（乾隆）《寧河縣志》卷十六「雜識，」清乾隆四十四年（1779）刻本。

〔註 64〕柯一騰：《海燒記》，參見洪肇楙修，蔡寅斗纂：（乾隆）《寶坻縣志》卷十八「藝文下，」清乾隆十年（1745）刻本。

灘副被淹，存鹽沖沒。貧乏竈戶，不能自修，請照乾隆四十六年（1781）之例，分別借給工本，共需銀六萬三百二兩，仍分限六年完交」等。〔註 65〕從中可以看出清代直隸一帶海嘯活動頻發，給這一帶各大鹽場正常生產和鹽工的生活設施，帶來很大的損失。而清朝政府爲因應海嘯活動，曾經採取過多種措施，力圖賑災減災，加快恢復生產。

清代直隸一帶，曾經發生無數次各種各樣的自然災害。其中有不少災害規模大，危害深，損失嚴重，曾經給當地民眾正常的生產和生活造成直接的威脅，清朝中央和有關地方政府先後採取一定的減災、救災措施，這些情況在不少直隸方志中都有詳細的記載，對此加以充分的整理和研究，對於當今做好相關的工作不無參考價值。

第三節　清代直隸方志中的地方經濟史資料

有關各地經濟史資料方面的記載，是清代直隸方志內容重要的組成部分。清代直隸方志中的各地經濟史資料，不僅種類豐富，而且數量很大，成爲清代直隸方志編修的特色之一。同時也在一定程度上，反映出清代直隸方志編修者注重經濟，關注民生的思路。

一、人口

人口增減既是衡量各地經濟發展水平高低的重要標識，也是清代歷屆中央政府和各地政府都曾經面臨的重要問題。關於每年全國人口統計、數量增減、丁口變化情況，在《清實錄》中都有明確的記載。而欲考察清代直隸各地人口與勞動力的變化情況，則要參考在直隸各地方志中的有關記載。

如對於宣化府延慶州自清道光十五年（1835）至清光緒三年（1877），二百餘年間本州的戶數、人口的變化情況，在（光緒）《延慶州志》中有明確的記載。延慶州在清道光十五年（1835）有一萬二千四百二十五戶，人數未詳；清咸豐十年（1860）一萬二千四百三十二戶，人口六萬七千零一十五；清同治七年（1868）一萬二千四百四十三戶，人口六萬七千一百一十八；清光緒三年（1877）一萬二千四百四十九戶，人口六萬七千一百五十九，戶數和人數均呈現出穩中有升的趨勢，

〔註 65〕黃掌綸等纂修：（嘉慶）《長蘆鹽法志》卷六「優恤」、「恤竈，」清嘉慶十年（1805）刻本。

對於延慶州在清代順治、康熙朝，至清乾隆二十一年（1756）勞動力數量的變動情況和原因，是志也進行詳細的記載和分析。「原額人丁七千二百二十二丁，各徵不等，共徵銀二千二百六十四兩一錢三分零。順治五年（1648）起至康熙六十年（1721）止，節次編審實在人丁八千九百四丁，內除盛世滋丁補剩，餘丁一百六十三丁。欽奉恩詔，永不加賦外，實征行差人丁八千七百四十一丁，各徵不等，共徵銀三千一百三十二兩五錢二分零。遇閏月加徵銀二百五十七兩三錢八分零，均於雍正二年（1724）攤入地糧銀內徵收訖。」至清乾隆二十一年（1756），延慶州編審人丁數量共計達八千三百七十二。〔註66〕

從明末清初開始，隨着直隸各地生產的日益恢復和發展，社會經濟的逐步繁榮，各地的戶數、人數和勞動力的數量不斷增加，延慶州情況的變化只是其中的縮影之一。清代直隸方志中關於人口的記載，對於直隸乃至中國經濟和人口史的研究，具有重要的參考價值。

二、土地田賦

田賦歷來是中國古代封建社會的經濟基礎，因此對於田賦內容的記載，在清代直隸方志中歷來都佔有十分重要的一席之地。清代各類方志中的「田賦」部分資料，一般來源於清代歷朝官方所編修的《賦役全書》等文書資料。但另有些方志中的「田賦」資料，相比同期編修的《賦役全書》，來源有一定區別，資料更爲翔實，其價值也具有一定的獨到之處。如（光緒）《武清縣志》即是屬於這種情況。該志在清代直隸方志中只有一種抄本，版本價值十分突出，更爲重要的是，是志「田賦」部分內容悉載清同治十二年（1873）《賦役全書》資料，而將其中同治十三年（1874）起，迄至清光緒六年（1880）間遞增畝數逐年加入，分民、竈、宮邊、馬房，以及剝船、七衛共七類，詳細記載有關武清縣土地、賦稅的資料，因此尤爲難得。

如是志記載武清旗租地方面的情況，「存退地（康熙三十八年至同治二年）四百六十一頃九畝四分二釐，又房基地三畝八分七釐，共代徵租銀一千七百一十四兩七錢二分四釐，隨徵耗銀一百三十七兩一錢七分八釐；」「旗產升科

〔註66〕何道增等修，張惇德纂：（光緒）《延慶州志》卷三「賦役志・户口，」清光緒六年（1880）刻本。

地（同治三年至光緒四年）九十五頃一畝七分二釐，每畝徵銀八釐，共代徵租銀七十六兩一分三釐，並隨徵耗銀六兩八分一釐。」〔註67〕類似（光緒）《武清縣志》田賦中這樣記載的內容，在其它清代直隸方志中也是很少見到的，因此它的史料價值相對更為突出一些。

三、興修水利

清朝前期各地農業經濟發展較快，其中的重要原因之一就是各級政府十分注重興修水利，大規模治理各河道的水患，直隸方志中對於這方面的記載同樣是十分翔實的。例如永定河是清代我國北方海河水系中一條著名的河流，它源於山西寧武縣燕京山之天池，進入北京地區後成為那裡最大的河流，同時也是海河水系的西北支流。根據金元以後的相關歷史記載，受沿途自然環境惡化的影響，永定河以含泥沙多、下游易淤易徙而著名，在清初曾經多次泛濫成災。因此各級政府對永定河的培堤、堵口、淘沙、除淤等各項工作，十分重視。興修水利，治理河道水患，於是成為清代中前期中央政府恢復和發展經濟的重要舉措之一，這些內容在有關直隸方志中記述得十分豐富。（康熙）《文安縣志》記載清代康熙三十七年（1698），康熙帝採取「疏築兼施」的策略，指示大司馬于成龍負責對此進行治理，于成龍隨議「自涿州之老君堂地方起，另開河道，遷流於東，由固安、永清引流直出柳岔口（屬霸州，去口頭約七十里）入澱。達沽歸海，築以巍堤，」從而建立起京南百餘里的永定河兩岸堤防體系。

未築堤之前，永定河河水常泛濫，而南岸大堤築就後，康熙帝親自前往視察，感覺可以阻絕水患了，於是賜名「永定河」，然後「兩岸特各設分司隨時修理，又特旨命總河王新命築下流堤岸，加以樁葦。因工久不報竣，（康熙）四十年又命撫憲李公光地舉原藩司黃性震、僉事陳廷統督理。成工，又於老君堂河道改流之處，恐土堤不堅，修石岸三十餘里。」〔註68〕康熙年間對於永定河的治理，是有清一代首次大規模治理永定河的活動，為以後清代歷次對永定河的治理打下牢固的基礎，積累了豐富的治河經驗。

〔註67〕蔡壽臻修，錢錫寀等纂：（光緒）《武清縣志》卷四「田賦上」、卷五「田賦下，」清光緒七年（1881）稿本。

〔註68〕楊朝麟修，胡淓等纂：（康熙）《文安縣志》卷三「賦役志．河渠，」清康熙四十二年（1703）刻本。

四、經濟作物的種植和手工業品的製作技術

直隸一帶是清代經濟作物廣泛種植的區域之一，其中直隸中南部更是重中之重，以棉花種植和蠶桑養殖爲主。而對於這些區域中棉花的種植和蠶桑的養殖情況，當地有關方志中都有許多具體的記載。如正定府欒城縣曾經是清代直隸重要經濟作物——棉花和蠶桑的重要產地之一，經濟作物成爲該縣着力發展的特色經濟。（同治）《欒城縣志》中對當地棉花、蠶桑的種植和加工技術，都曾經進行詳細的記載。其中「物產」目載錄《栽桑法二十一條》及《春秋蠶抽絲法》，敘述蠶桑之養殖，以及該縣著名經濟作物——棉花種植和外銷情況，並附有翟徵之所撰《考證棉花由來原委》一文。

當時欒城縣共擁有耕地四千餘頃，棉花是欒城縣具有代表性的經濟作物，因此當地側重於棉花的種植，其種植面積至少占各種農作物種植總面積的百分之六十，棉花產量的一半以上銷售到山西、河南等地。同時該縣的其它耕地也適宜種桑，「蠶織之利宜興也，」經濟作物的種植成爲當地的支柱性產業。相對而言該縣糧食作物短缺，產量則不能自給，「稼十之四，不足給本邑一歲食，賈販於外以濟之。」因此「商賈雲集，民竭終歲之勤，售其佳者以易粟而自衣。」〔註 69〕

科學技術因爲被我國古代封建統治者看成是「雕蟲小技」、「奇技淫巧」，所以在正史史藉中很少提及，但是在方志中卻有比較多的記載。清代直隸方志中十分注意對生產技術，尤其是農業生產技術方面的記載。因此（同治）《欒城縣志》中詳載《栽桑法二十一條》，敘述植桑的科學方法。其中做好基礎性工作，辨別桑樹樹種的優劣是首要的一環。「椹少葉圓大而豐厚者，皆魯桑之類，宜飼初生之蠶。椹多葉少邊有鋸齒者，皆荆桑之類，宜飼三眠以後之蠶。」因此宜兩者結合，「以魯桑條接荆桑身，盛茂亦久遠，」才能取得更好的收成。

採用科學種植的方法，做好栽種、培苗工作，是另一個重要的環節。「夏初椹熟，揀肥大者掏淨，陰乾，臨種時用柴灰拌勻，放一宿，然後種之。芒種爲上，時夏至爲下，時二三月亦可種。掘地一段，打土極細，澆以糞水，摟起寸許。切不可深，深則不出。將種，布下澆以清水，長四五尺即可移栽。又冬月苗長尺許，再上熟糞，加草於上，縱火燒去其稍。次日以水沃之，仍蓋以草，至春發出，只留旺者一枝，來年移栽。又鬆鬆打一稻草繩，以熟椹

〔註 69〕陳詠修，張惇德纂：（同治）《欒城縣志》卷二「物產，」清同治十二年（1873）刻本。

橫抹一過，令椹在繩縫中。掘熟地以埋之，深不過寸許，苗長移栽，」此法較爲省便。

根據時令節氣，按照科學種植的要求，適時移栽秧苗，搞好田間套種，也是其植桑過程中的重要環節。「掘坑尺許，用糞和泥栽下，塡土緊築，移樹勿傷小根，栽時須計原向，分行要寬，不可正對。春分前後栽之易活，九至二月半亦可栽，空處宜栽綠豆、黑豆等物，不宜種麥穀。」

對於植桑過程中其它中間環節的工作，同樣有嚴格的規範。如盤桑條之法即是其一，「九、十月揀連枝好柔條，盤作圓圈。掘坑一二尺，和以糞土，緊緊埋築，少露稍尖，冬蓋腐草，春月摟去。正二月亦可盤。」壓桑條之法，「近土柔條，掘坑攀條，泥土築實，條上枝梢扶出土面。次年稍長二三尺，春分時將老條逐節剪斷，將發出新條剪去上梢，連根留二尺，栽之。」嫁接桑樹之法，「種過三年，必須接換，葉乃厚大，春分前後擇向陽好條，大如筋、長一尺者，削如馬耳，於本樹離地二三尺處，將桑皮帶斜割開，如『人』字樣，刀口約小半長，將馬耳朝外插入，以桑皮纏定，糞土包縛，令勿泄氣，清明後即活。次年將本樹上截鋸去，便成大樹。陝西以小滿後椹熟時接之，五、六、七月亦可。又不拘樹身大小，將頂上鋸截成盤，用刀削平，劈爲兩半，將接頭削如鴉嘴長短，須量劈縫插入，務要兩皮相著包如前法。」剪修桑樹之法，待長至六七尺，於「臘、正月間，砍去中心之枝，餘干便向外長，如大傘之狀，枝不繁而葉自大，飼蠶時枝葉全剪下，須留一二尺不剪。」培植桑土之法，應該做到「草長即鋤，土乾便灌。」還要注意科學施肥，「二、八月及冬月要上肥，用豬羊牛馬之糞皆可，人糞尤宜，棉子油渣、豆餅之類性暖更肥，須窩熟用。」此外治理桑樹病蟲害也是一項重要的工作，具體方法是「見有蛀穴，桐油沫之即死。深入者，用鐵絲插入殺之。」

爲促進當地特色經濟的發展，當地政府還積極採取措施，鼓勵民間植桑。「堤堰及大路兩旁俱係官地，挨誰家即責令載桑，得利即歸地主。凡屬官荒閒地有願栽者，給發執照，准其永遠食利。」凡「典當田地注明有桑幾株，如係當戶新種，取贖之日照株大小補給樹價，使沾餘利，庶無曠土。」再加上「每鄉發給栽桑法數紙，囑紳耆解說之，使民互相講習以廣其業。」〔註 70〕植棉、種桑作爲清代直隸不少地方支柱性的特色產業，在有關志書中都有對

〔註 70〕陳詠修，張惇德纂：(同治)《欒城縣志》卷二「物産，」清同治十二年 (1873) 刻本。

此類內容的反映，突出了地方特色經濟，對研究清代直隸的經濟發展史具有十分重要的借鑒作用。

另外清代直隸各地都有許多具備本地特色的手工業產品，其製作工藝在有關方志中有詳細記載。如（光緒）《寧河鄉土志》中具體介紹當地名產鹽的製作過程，「塘沽、漢沽寨上營城數莊瀕居海濱，地皆赤鹵。當春融之時，預掘土溝以待海潮漫入，復於溝旁堅築曝池，用八蓬風車將潮水挽入溝，使之入池得曝曬，即成鹽矣。」〔註 71〕是志還記錄了「鹽坨」的生產過程和銷售情況，「鹽成在池，用木耙扒起堆積池旁隙地，如高墉然，名曰『鹽坨』。以泥封覆其上，待商至而批發之。豐收之年約七八十萬包，平收之年不過三四萬而已，此竈民一大礦產也。」〔註 72〕

是志還就當地其它土特產品的製作過程和用途，進行具體的介紹。如關於硝的生產過程和用途，「冬日嚴寒，鹽池經西北起風，即起白堿，若魚鱗狀，竈民撈出，置於他池，下鋪蘆席，用滾水澆之，即成硝矣。」其用途既可以熟皮，還可以飼養駱駝。〔註 73〕關於鹵的製作過程和用途，介紹說「鹵，鹽澤也。海水入地，曬成鹵以坐鹽，過老反堅滑，不出鹽。竈民蓄以閒池，春秋以鍋熬之成塊，運售四方，」可以用來點豆汁，製作豆腐。其特點味苦，對人體有害。〔註 74〕對於當地鹵硝的銷售情況，是志也有明確的反映，「鹵硝銷路頗寬，京、津、口外悉是賈人行販之場，但其利不溥，因出產各有定時，不能常年發售耳。」〔註 75〕介紹「進貢磚鹽」的製作方法和用途，「竈民於每年夏季揀選白鹽，淘洗淨潔，用磨碾成細末，撈淨渣滓，用木模脫成磚式，培火燒之即成。」對於這種磚鹽的使用，也嚴格規定在民間不許販賣，只允許在宮廷內使用，於「每歲秋間光祿寺轉進，名『貢磚鹽』。」〔註 76〕這些地方上的土特產品，其製作技術在一定程度上代表了當地的生產力發展水平。清代直隸方志中的這類記載，爲清代地方經濟史的研究，提供了豐富而可靠的史料。

〔註 71〕童光照纂修：《昌黎縣鄉土志》下「格致編・礦物學」第一章第一課，抄本。
〔註 72〕童光照纂修：《昌黎縣鄉土志》下「格致編・礦物學」第一章第二課，抄本。
〔註 73〕童光照纂修：《昌黎縣鄉土志》下「格致編・礦物製造學」第一章第一課，抄本。
〔註 74〕童光照纂修：《昌黎縣鄉土志》下「格致編・礦物製造學」第一章第二課，抄本。
〔註 75〕童光照纂修：《昌黎縣鄉土志》下「格致編・商務學」第一章第二課，抄本。
〔註 76〕童光照纂修：《昌黎縣鄉土志》下「格致編・商務學」第一章第三課，抄本。

五、農作物的種植與產量

清代直隸不少地方歷來都有本地代表性的糧食作物。據有關統計在清代直隸所屬共十一府六州中，其中有水稻種植記載的共有九府五州，共四十七個州縣，種植面積約占糧食作物種植總面積的 30%以上。水稻種植範圍北至宣化府、順天府，南及廣平府，不過重點區域還是在直隸的中南部。〔註 77〕

水稻作爲一種用水量極高的農作物，其分佈區域受地區水源限制。因此從直隸一帶水稻種植分佈區域來看，基本分佈於水網集中的區域。如天津府濱海臨河，並且界內有大量鹽鹼地可供利用，這裡是明清以來直隸地區最早進行水稻種植試驗的地區，「小站稻」則是此地一種享有盛譽的特色農產品。小站稻是寧河縣自古至今主打的拳頭農產品，（光緒）《寧河鄉土志》中通過記敘知縣喬邦哲的傳記，明確介紹寧河縣盛產小站稻栽種的歷史，這種形式也頗有新意。喬邦哲「字溥泉，山西人，道光二十四年（1844）來宰斯邑。因地窪下頻遭水患，公慨然曰『水能爲患，亦能爲利。』勸民種稻，造水車式法於民，惜未能竟其用而去。然邑之稻田，自公始，至今嘖嘖稱遺愛。」〔註 78〕其中既介紹喬邦哲在寧河縣擔任知縣期間的政績，又介紹寧河縣「小站稻」的種植歷史。

由於清代直隸各地土質、氣候等各種自然條件各異，各類糧食作物的種植條件不同，因此產量都千差萬別，這類內容在不少方志中也都有反映。如考察清代直隸各地的農業單位畝積產量，各地的志書中都有具體的記載。順天府大城縣的農業單產水平，清「乾隆四十年（1775）（大城縣）畝地收糧石二斗，」「道光八年（1828）有年畝地得粟八斗，」「咸豐十年（1861）麥秋畝地五斗」等。〔註 79〕對於一年一熟農作物產地的收穫情況，遵化直隸州境內雖然適宜種植水稻，但由於土質不一，「腴瘠參半，每畝收入得八斗者，即慶有年矣。」〔註 80〕永平府昌黎縣則「農家尚多殷實，特不修水利，旱澇

〔註 77〕高福美：《清代直隸地區的營田水利與水稻種植》，《石家莊學院學報》2012 年第 1 期。

〔註 78〕周登皞纂修：《寧河縣鄉土志》上「歷史編」第二章「政績」第九課，清抄本。

〔註 79〕趙炳文、徐國楨修，劉鍾英、鄧毓怡纂：（光緒）《大城縣志》卷十「五行，」光緒二十三年（1897）刻本。

〔註 80〕傅修等纂：（乾隆）《遵化直隸州志》卷十一「風俗，」清乾隆五十九年（1794）刻本。

悉聽於天，豐年每畝收穫，計市斗不過五、六。」〔註81〕順天府寶坻縣「但得五六斗，或七八斗，即慶有年矣。」〔註82〕再如清代直隸實行兩年三熟的地方，都是一些水利灌溉條件相對較好的井灌園地。有人曾經以正定府無極縣爲例，對比多熟制與單產之間的差距，「直屬地畝惟有井爲園地，園地土性宜種二麥、棉花，以中歲計之，每畝可收麥三斗，收後尚可接種秋禾，棉花每畝可收七、八十斤。其餘不過種植高粱、黍、豆等項，中歲每畝不過五、六斗。計所獲利息，井地之與旱地，有三四倍之殊。」〔註83〕可以看出兩者差距確實是很大的。

清代直隸方志中的這些文獻資料從不同側面，反映出清代直隸各地農業發展的整體水平，並且在一定程度上眞實反映了清代直隸各地農業生產曾經達到的水平，對於研究清代直隸經濟史而言，都是十分重要的資料。由於這類記載通常爲各地方志中所獨有，而且十分翔實，使其參考價値顯得更大。

六、農村的人身雇傭關係

農村的人身雇傭關係，屬於中國歷代經濟史研究的範疇。研究清代直隸農村人身雇傭關係，也可以參考一些清代直隸方志中的有關記載。

清代直隸農村人身雇傭關係特點，首先表現爲地租的一般數量很大，佔了佃戶的大部分收入。如永平府灤州「南自馬城至倴城迤西胡家莊一帶，土惟黑墳，種宜木綿、秫、稗，皆上上田，而隸旗圈者十之八九。民人既不得典當長租，復有壓租、借租等項，兼以不知水利旱澇，悉聽於天。」因此「計豐歲所收，每畝不過四、五市斗，除租息外（每畝租息至二、三斗者），僅可贍生，一遇歉收，佃租如故，而家室如懸磬矣。」〔註84〕

其次是地權和佃權的關係複雜，表現爲地權和佃權的分離，即「永佃制。」這種制度經過元、明兩代的發展，到清代前期已經得到全面推廣。康熙末葉，永平府樂亭縣規定「嗣後民間租種旗地，平情定租寫約，納於地主之家。地主務給租戶票照，並莊頭代管，各立合同爲據，租戶不得告減，地主不得言

〔註81〕何崧泰修，馬恂、何爾泰纂：（同治）《昌黎志.卷十「志餘，」清同治五年（1866）刻本。

〔註82〕洪肇楙修，蔡寅斗纂：（乾隆）《寶坻縣志》卷七「風物志・風俗，」清乾隆十年（1745）刻本。

〔註83〕黃可潤纂修：（乾隆）《無極縣志》卷末，清乾隆二十二年（1757）刻本。

〔註84〕吳士鴻修 孫學恒纂：（嘉慶）《灤州志》卷一「風俗，」清嘉慶十五年（1810）刻本。

加，並傍人毋許鬨誘謀奪。如有前項諸弊，分別治罪。」〔註 85〕而遵化直隸州則比較特殊，那裡地租數量很大，租佃關係複雜。「國朝撥地歸旗，旗地有給有退，民地有圈有補。圈餘之地，率多山坡瘠土，故民地多下，則旗租因重於民糧倍蓰。地多之戶，率皆旗佃。納租之外，餘潤無幾。偶遇災歉，輒不易支。」既實行永佃制，「接種旗地之戶，亦視地給值，謂之『過莊』，但不稅契。過割並立約存據，俗謂之『一地養二民。』非積欠租款，地主不得撤地增租。」同時還存在着地權和佃權合一的現象，「其招佃未受價者，謂之『現莊地。』其租之增減，佃之去留，皆由地主自便。間有狡執成訟者，在良有司詳辨之。」〔註 86〕研究清代直隸農村人身雇傭關係發展演化情況，相關方志中記載的內容有其獨到的價值，可以用作重要的佐證資料。

清代直隸方志中涵蓋的各地經濟史資料，從各地的戶數、人數和勞動力數量變化的統計，官府田賦的計徵，各地興修水利，水患治理，各地糧食作物和經濟作物的種植與產量，以及手工業品的製作技術，直到直隸農村人身雇傭關係，可謂包羅萬象。不僅種類豐富，而且涉及範圍廣泛，既成爲清代直隸方志編修的特色之一，又爲中國經濟史的研究提供了重要的參考依據。

第四節　清代直隸方志中的其它資料

清代直隸方志中所涵蓋的內容是非常廣泛的，除了大量社會經濟史方面的資料，還包括政治、軍事、文化教育、宗教、社會風俗、醫療衛生等方面的內容，這些記載同樣具有很重要的學術研究價值。

一、政治

（一）直隸各地反帝鬥爭資料

西方帝國主義列強對華的侵略和擴張活動，貫穿於整個中國近代史的發展進程。而直隸地區作爲清代中央政府所在地，擁有特殊的歷史地位，因此這裡在中國近代始終成爲西方列強覬覦的首選目標之一。有關西方帝國主義列強對華的侵略和擴張活動的內容，在很多清代直隸方志中都有記載。如（光

〔註 85〕蔡志修等修，史夢蘭纂：（光緒）《樂亭縣志》卷十二「食貨上・田畝，」清光緒三年（1877）刻本。

〔註 86〕何崧泰、陳以培修，史樸等纂：（光緒）《遵化通志》卷十五「風俗，」清光緒十七年（1891）刻本。

緒）《寧河鄉土志》記載第二次鴉片戰爭期間，清「咸豐八年（1858），米利堅由北塘進口，互換和約。十年（1860）八月，英法兵自北塘登岸，通州、武清均被擾犯。」義和團運動期間，清「光緒庚子（二十六年，1900）聯軍闖入大沽口，於家堡屯住營防戰經晝夜，聯軍由塘沽陸至北塘，練勇接戰。久之未克，居民未出境者盡遭蹂躪。」〔註 87〕研究中國近代西方列強侵華史，可以借助於許多清代直隸方志中這類重要的資料。

伴隨着西方帝國主義列強持續的對華侵略和擴張活動，以及封建統治階級對廣大下層民眾殘酷的剝削和壓迫，就是中國人民持續不斷開展的反帝反封建愛國鬥爭活動。在清代直隸各地曾經爆發了很多次大大小小，規模不等的農民起義和武裝鬥爭活動，其中不乏像太平天國和義和團運動這樣大規模的農民武裝鬥爭運動，直隸方志對這些歷史事件的反映，同樣是十分具體的。

例如義和團運動是中國近代史上著名的反帝愛國運動，清代直隸地區也成爲義和團鬥爭的主戰場之一。義和團運動歷來是學術界研究的熱點問題，但所依靠的文獻資料來源以往都偏重於正史，因此不可避免地帶有一定的局限性。其實在不少清代直隸方志中，對義和團在本地的鬥爭情況都有詳細的記載，這些記載是對正史中有關文獻資料的必要補充。

如保定府雄縣靠近京津保地區，那裡曾經是義和團鬥爭的重要戰場。（光緒）《雄縣鄉土志》中記載了義和團在該縣的鬥爭情況：清「光緒二十五年（1899）冬，張岡村人始習拳，知縣冬之陽捕其魁，稍斂迹。明年（注：光緒二十六年，1900）省城焚教堂，大吏不禁，縣境拳匪乃日熾。五月二十二日，邢長春帶兵赴津，道出孤莊頭村，以拳匪要截，擊斃三十餘人，拳民甚凶懼。及京師陷，官吏威令不行，拳民乃據城署，奪炮船，無復忌憚矣。八月，淮軍望雲亭、署提督呂本元率兵先後至，時拳匪已聞風遠遁，乃焚張岡等村，以亂事敉平聞，實則伏莽尚多。五六年間，搶掠劫殺，層現迭出，皆其餘孽也。直至三十一年（1905），知縣蔡濟清，命隊官何邦彥約霸州、新城合剿，而其黨魁始先後授首。噫！其始起也甚微，而其爲禍也遍於京津保之間，而延至五六年之久。」〔註 88〕可以看出雖然纂修者出於其封建統治階級的立場，對義和團的武裝鬥爭大肆污蔑和攻擊，但文中對於雄縣義和團長期

〔註 87〕周登皞纂修：（光緒）《寧河鄉土志》「歷史編」第三章「兵事」第六課、第七課「本境戰地，」清抄本。

〔註 88〕劉崇本編：（光緒）《雄縣鄉土志》「兵事錄第三，」清光緒三十一年（1905）鉛印本。

堅持武裝鬥爭，自清光緒二十五年（1899）至光緒三十一年（1905），持續達五六年之久，期間曾經同清軍展開多次武裝鬥爭，給國內外反動勢力以沉重打擊，取得很多戰果的事迹，給與了詳盡的介紹。此外更爲可貴的是該志還揭露了部分清軍將領，如淮軍望雲亭、署提督呂本元借鎮壓義和團之機，迫害人民，虛報「戰功」的無恥行徑。而（光緒）《邢臺縣志》記載清光緒二十六年（1900）邢臺縣「義和拳匪起，村巷小兒演習神拳，旋以邪說剿除。四月十六日，日紅如血，夏勤王兵北上，南關商民多被擾，秋都城失守，潰兵南下，邑人受擾尤甚。」〔註 89〕文中除了記載義和團鬥爭情況外，同樣揭露了清軍借鎮壓義和團之際，騷擾人民，魚肉鄉里的事實。

（光緒）《安國縣新志稿》中則詳細記載清光緒二十六年（1900）義和團在直隸一帶鬥爭活動的概況，「畿輔亂民假白蓮教遺術，妄言神助，設壇傳習，曰『義和拳』。用乾坤坎離諸卦分立旗幟，蓋合漢之黃巾，晉之妖賊，魏之大乘，宋之六甲，金之紅襖，元之紅巾八卦，諸邪教合而爲一，呼嘘跳擲，事同兒戲，乃信其可以威敵也。不復禁，中外開釁，五洲震動，而聯軍深入矣。」闡述了義和團運動的起源，「自利瑪竇航海東來，天主教入中國，聖祖仁清皇帝兼綜西學，遂允其傳教。時安國（祁州）奉伯、南馬二村愚民，即有人奉教，後雖禁絕，猶私傳。咸同之世，中外結好，禁弛，而長史、南流、卓頭、劉莊等村，遂有教民桀驁者又藉勢恣橫，與平民失和。」詳細介紹了西方宗教勢力借傳教之名，對直隸地一帶進行的文化滲透和侵略活動，因此導致安國一帶曾經發生多起教案。該志還反映了當地義和團的反帝鬥爭取得豐碩成果，「義和拳蠱惑鄉愚，以仇教爲名，四月攻長史教堂，相持數日，拳匪麕集，遂毀教舍，戕教民，男女被殺七十餘人。」此外還揭露清朝政府腐敗透頂，對外妥協賠款，以及中外反動勢力聯合絞殺義和團愛國鬥爭活動的醜惡行徑。光緒二十六年（1900）「七月聯軍犯闕，京師不守，兩宮西狩，命大臣議和，彌縫百端，構釁諸人以次論罪，賠償外洋兵費四百五十兆，而後京師復，乘輿還。安國拳匪所擾，亦按名賠償，共償教民一十萬二千餘緡。」光緒二十七年（1901）「唐河左右拳匪猶熾，利王、趙二氏之財，三月四日攻入西伯、章寨，王印奎、趙翰階率勇巷戰，賊殺趙受謙、趙榮紳、趙翰馨、趙書香，而趙氏所延師邢汝正亦死於難。」「既而拳匪縱火攻二氏宅，渠魁徐寶元善槍，

〔註 89〕戚朝卿修，周祐纂：（光緒）《邢臺縣志》卷三「經政志・前事，」清光緒三十一年（1905）刻本。

稱無敵，百擊百中，賊中之著名梟傑也。趙翰階以手槍擊之，一發而斃。拳匪氣奪，遂遁入安平，與團匪合。聯軍於是南略，四月法兵由安國入安平，復由安國歸定州。五月又入安平。匪平，聯軍一由五仁橋歸定州，一由安國回保定。」〔註 90〕儘管該志的編修者站在傳統封建統治階級立場上，對義和團鬥爭活動多有污蔑和詆毀之詞，但畢竟在一定程度上，還能夠眞實介紹了清代直隸一帶義和團運動堅持長期鬥爭取得的戰果，以及中外反動勢力聯合鎮壓義和團武裝鬥爭的無恥行徑等等。可以說清代直隸方志中的這些材料立意是比較新穎的，角度是獨到的，因此是值得肯定的，對如今於義和團運動學術研究的深化，無疑具有重要的參考價值。

（二）社會時政問題

例如圈地、投充、逃人法屬於清初諸多社會政治問題的三大重要時弊，其影響範圍很廣，主要集中在整個直隸地區，曾經引起當時很多社會各階層人士的詬病和指斥。有關圈地、投充和逃人法在直隸各地實施的具體情況，以往多偏重於各類正史文獻中的記載，其實更大量的還是見諸於很多清代直隸方志之中。如（康熙）《宛平縣志》中曾經收錄很多有關這些方面內容的奏議。《條陳圈地疏》痛陳圈地之害：「邇年以來，有因旗下退出荒地，復行圈補者。有自省下及那營處來的壯丁，又行圈撥者。有各旗退出荒地召民耕種，或半年，或一二年，青苗成熟，遇有撥補，復行圈去者；有因圈補之時，將接壤未圈民地，取齊圈去者。以致百姓失業，窮困逃散，且不敢視田爲恒產，多致荒廢。而旗下退出荒地，復圈取民間熟地，更虧國賦。」文中深刻揭露清初圈地帶來的種種弊端，對研究清初社會政治具有重要的參考價值。

清順治八年（1651）刑部尚書劉餘祐則在《劃一法守疏》中尖銳揭露投充之害，認爲投充活動不僅造成國家田賦收入的虧空，而且還會導致突出的社會治安問題，「外州縣投充之人，賢愚萬狀，一人投而舉家全藉其勢，奸民群肆，地方何安？」

督捕侍郎章雲鷺在《遵諭陳言事》一疏中，則指斥「逃人法」之弊端，「竊惟逃人之法，首重窩犯，而十家長、地方兩鄰次之。故凡窩隱逃人，分給八旗窮丁爲奴。愚民無知，自罹法網，固其應得之罪。但伊輩以無知，愚民一旦離親戚，捐生產，入官爲奴，思鄉念切，勢必逃亡。一經逃亡，又有窩隱，

〔註 90〕宋蔭桐纂修：（光緒）《安國縣新志稿》，清光緒三十二年（1906）抄本。

及至緝獲之日，又多入官。流徙之人，株連蔓引，生生不窮，逃人日多。」「至於窩隱之罪，總由窩犯一人，其十家長、地方兩鄰皆係牽連無辜，而不肖官吏因之爲貨，有一窩犯，即將住址數里之內搜羅殷實者，概言收禁，飽欲而後縱之，是因一窩犯而害及數家矣。」〔註 91〕直隸有關方志中對清初主要社會時弊的反映和揭露，可以作爲有關正史中記載此類內容的重要補充，有助於學術界就圈地、投充、逃人法問題，進行更深入的探討和研究。

二、文化教育

文化教育歷來是清代直隸方志中的重要內容之一。而方志中重視這類內容的記載，也是其本身具備教化功能的集中體現。

（一）有關清代封建教育體制的內容

清代直隸方志保存了許多有關清代教育體制問題的資料。如（光緒）《續永清縣志》等志書中都記載了清順治年間禮部頒佈的生員學規八條，資料來源於《順治九年（1652）禮部題奉欽定條約八款頒刻學宮臥碑》，對於研究清初的教育制度，頗有重要的參考價值。

其中涵蓋的內容十分豐富，如介紹國家辦學宗旨：「朝廷建立學校，選取生員，免其丁糧，厚以廩膳，設學院、學道、學官以教之，各衙門官以禮相待，全務養成賢才，以供朝廷之用。諸生皆當上報國恩，下立人品，」並且將所有教條開列於後。注重個人修養，爲封建統治階級服務，是舉辦封建教育的目的。

學員享受教育的權利方面，「生員之家父母賢智者，子當受教。父母愚魯或有非爲者，子既讀書明理，當再三懇告，使父母不陷於危亡，」從而爲維護正常的封建統治秩序服務。

學習內容方面，「生員立志當學爲忠臣清官，書紀所載忠清事迹，務須互相講究，凡利國愛民之事，更宜留心。」此外還要注重品德修養，主要包括，1.「生員居心忠厚正直，讀書方有實用，出仕必作良吏。若居心邪刻，讀書必無成就，爲官必取禍患，行害人之事者往往自殺，其身當常猛省，」「生員不可干求官長，結交勢要，希圖進身。若果心善德全，上天知之必加以福。」2. 尊師愛生：學員「爲學當尊敬先生，若講說，皆當誠心聽受。如有未明，

〔註 91〕王養濂修，李開泰、米漢雯等纂：（康熙）《宛平縣志》卷六「藝文志・奏議，」清抄本。

從容再問，勿妄行辨難，」老師「亦當盡心教訓，毋致怠惰。」3. 兩耳不聞窗外事，一心只讀聖賢書：「生員當愛生忍性，凡有司衙門不可輕入，即有切己之事，止許家人代告，不許干預他人詞訟，人亦不許牽連生員作證。亦當盡心教訓，毋致怠惰。」「軍民一切利病　，不許生員上書陳言，如有一言建白，以違制論黜革治罪。」〔註 92〕

這些有關清代官方頒佈的辦學規則，詳細介紹了清初封建教育方方面面的狀況。儘管其中很多內容充滿不少封建教育的色彩，要求生員完全服務於封建統治制度，俯首帖耳，聽命於統治階層是其宗旨。但就其中部分內容和要求而言，對於今天的學校教育仍然不無參考價值。

另外直隸方志中，還有不少類似涉及封建教育的記載。如（乾隆）《行唐縣新志》的編修者吳高增就認爲：「古之學者期實獲，不務聲華，後世教學之方視古有加，而學不及古，豈天之生才有異？何古今人不相及耶？抑所以爲學者苟且從事，而中無實得也，」而「行邑士習淳樸，質勝於文，以學充之，可不懈而及於古。」因此應該講立「義學規五條」，分爲「立志、端品、窮經、有恒、立靜，」其見解十分精闢。另外還講作文四則，分爲「研理、審法、修辭、煉氣。」講作詩四則，分爲「詩體、詩法、論韻、諧聲」，同樣很有見地。是志「文告」一目，頗重德政，重導化，有勸鑿井、禁拆房販賣、禁重利盤剝、禁遊惰、禁賂賣人口、禁居喪演戲等。儘管其中有不少內容屬於封建綱常之說教，但同時也不難看出，該縣地方官還是頗重世治的，方志的教化功能在此得以充分體現。〔註 93〕

（二）本地的修誌狀況、志書書目、版本及其它文獻信息

記載本地的修誌狀況、書目、版本，以及其它地方性文獻資料的有關情況，也成爲清代直隸方志中所記載的一項重要內容。

1. 闡述本地的修誌狀況

在許多直隸方志中，志書編修者往往都會對本地歷代的修志情況，都會給予認眞的總結，以便爲當代和以後的修志活動提供借鑒及指導。

〔註 92〕丁燦修，王堉德纂；張焕續修，范翰文等續纂：（光緒）《續修故城縣志》卷三「學校志·學規，」清光緒十一年（1885）續修刻本。

〔註 93〕吳高增纂修，文有試補纂：（乾隆）《行唐縣新志》卷十五「藝文志下·學規，」清乾隆三十七年（1772）刻本。

（1）述本志纂修始末

簡要記述本地以往編修方志的概況。如（光緒）《保定府志》李培祜序記載清同治十年（1871），「合肥相國創議修《畿輔通志》，檄郡縣各修方志，先事採訪。（同治）十二年（1873），予來守郡事，更數手稿，猶未具。乃謀之貴築黃君子壽，延欒城張君重齋主其事。時重齋方預修通志，因用通志凡例，以綱統目，遠事徵於書，近事徵於冊，爲紀、表、略、錄、傳、記凡八十卷。迨光緒七年（1881）通志將竣，而府志亦成。」〔註 94〕大體介紹從清同治至光緒朝期間，保定府志書的纂修始末情況，以及所採用的體例原則和志書內容。

（2）敘修志源流，評舊志得失

簡要記述當地編修方志的源流，並對舊志進行適當的評析。如（康熙）《鉅鹿縣志》記載順德府鉅鹿縣「自（明）萬曆二十有一祺，何公文極蒞斯邑，采輯摭拾，勒成一書，爲卷八，爲部十有二，則邑志之權輿也，厥功偉矣。自茲以還，斷續磨滅者垂七十稔，至國朝順治辛丑歲（十八年，1661）王公鼐起而修明之，增訂參補，實有承前啓後之力。又越二十年陳公可宗輒肩斯任邑志，復賴以不墜，距今歷有年所矣。其沿革、封域、封爵諸表已往者，固一仍其舊。若建置則興替靡常，祠祀則圮葺。異代官師、選舉衰易，而薪積矣。戶口、賦役增加，裁節者有差。至於循良載在口碑，人物傳諸輿論，藝文播之遐方，凡皆歲異月新，滄桑變易，失今不錄久。且或遺他日輶軒，使者有問，則此三十年中事，奚以報塞？」〔註 95〕簡要記述鉅鹿縣從明代萬曆年間開始，歷清代順治、康熙年間的編修情況，分別對前志體例和內容上的優缺點進行評析，並且闡述當今續修志書的必要性和重要性。

（3）對新修志書進行評價

將本次編修活動進行簡單的總結，並對新編志書進行綜合介紹，如（光緒）《新樂縣志》主修雷鶴鳴稱該志「見其編次目錄，即舊志而悉爲更訂，繁者刪之，略者詳之，粗者精之，遺者補之。井井有條，昭然不紊。」〔註 96〕無論是對舊志的評析，還是對志書內容的介紹，都是圍繞這部新志進行的。（光

〔註 94〕李培祜等修，張豫塏纂：（光緒）《保定府志》李培祜「序，」清光緒十二年（1886）刻本。

〔註 95〕王鼐纂修，陳可宗續修，郎鑒再續修：（順治）《鉅鹿縣志》郎鑒「序，」清順治十八年（1661）刻，康熙五十一年（1712）增刻本。

〔註 96〕雷鶴鳴修，趙文濂纂：（光緒）《新樂縣志》雷鶴鳴「序，」清光緒十一年（1885）刻本。

緒）《臨漳縣志》則記載：「此次修志未另設局蕆事，又速史事採訪，不免遺漏，」另外「此志校錄皆非出自一手，間有魯魚未檢，閱者正之。」〔註 97〕明確指出本志的兩點不足，首先是未設志局主持有關修志活動，採訪也比較匆忙，難免遺漏。其次是志稿在校對、輯錄過程中，先後曾經有多人參與，相互之間難免出現一些錯訛。

再如（光緒）《保定府志》稱：「此次修志博引繁稱，不懈心力。然經二百年之久，十六屬之大，可述可傳者，豈止於是。況立款採訪，未必各屬得人。如雄縣、束鹿策籍迄未送到，僅從舊縣志中綴拾成之。」〔註 98〕說明本次修志由於時間跨度大，地域廣，採訪內容豐富，採訪員素質不一，個別州縣上報材料不齊備，因此志書還存在一些不足。

（4）區域範圍

突出方志的區域性。對於新舊志書涉及到的區域範圍，給與明確的限定。（光緒）《保定府志》稱「保郡舊轄二十州縣，今轄十六州縣，故於舊志中凡易州、淶水、深澤三州縣事迹、人物，概從刪削，以昭核實。」〔註 99〕明確新志與舊志在轄區上發生的變化，以及由此帶來志書內容上的變化。

2. 歷代方志的書目、版本信息

清代直隸部分省志、府州縣志中，記載了有關歷代方志書目、版本信息方面的大量內容，有助於學術界深化對這類問題的編輯、整理和研究。

在清代直隸地區志書的編修過程中，已經開始出現單獨對方志類文獻歸類著錄之作，成爲清代中國方志編修水平進一步提高的重要標誌。如（同治）《畿輔通志》和（光緒）《廣平府志》「方志目」中，就曾經對歷代有關當地的方志流傳情況反映十分具體。除立「經」、「史」、「子」、「集」四部外，還另設「方志門」，用以著錄和整理與當地有關的方志，其中（光緒）《廣平府志》就著錄明清時期當地府志 3 種，州縣志 15 種。並編寫了方志提要，內容包括書名、卷數、纂修者、主要內容、資料來源、價值特色、得失評價、版本流傳等方面情況，使讀者能夠一目了然，爲研究和利用提供極大的方便。

〔註 97〕周秉彝修，周壽梓、李燿中纂：《臨漳縣志》卷首「凡例，」清光緒三十年（1904）刻本。

〔註 98〕李培祜等修，張豫塏等纂：（光緒）《保定府志》卷首「凡例，」清光緒十二年（1886）刻本。

〔註 99〕李培祜等修，張豫塏等纂：（光緒）《保定府志》卷首「凡例，」清光緒十二年（1886）刻本。

如是志對於明代翁相修，陳棐纂（嘉靖）《廣平府志》十六卷，敘述其版本流傳情況，「是書久佚，無傳本。」記載其纂修過程和門目設置情況，「舊志載有（明）嘉靖庚戌（二十九年，1550）巡撫商大節序，己酉（嘉靖二十八年，1549）巡撫江右項廷吉序。項廷吉序略云『余巡至廣平，翁郡守相以梓完郡志來觀，實維陳棐氏往以給舍，謫丞長垣時撰次。有經緯二集，有一圖三表十二紀。經緯者，兩儀之象也。一圖者，太極之體也。三表者，效三才也。十二紀者，法十二時也。』」

另外是志中所載志書中有不少珍貴的書目信息，其中或者卷數與現存的志書相差很大，或者已經失傳，不易查考，這些都爲考證相關志書文獻提供了按圖索驥的作用。如介紹「（雍正）《肥鄉縣志》三十六卷：國朝邑令王建中修，有傳本，版已毀。」肥鄉縣志書「自明嘉靖十七年（1538）戊戌知縣鄒理修，四十年（1561）辛酉知縣商誥繼修，萬曆十八年（1590）庚寅知縣廉靖重修。國朝康熙二年（1663）癸卯知縣焦服祖續修，四十九年（1710）庚寅知縣許國枤增修，雍正十年（1732）知縣王建中補輯」而成，另據今《中國地方志聯合目錄》、《中國地方志總目提要》中著錄的（雍正）《肥鄉縣志》現存版本皆爲六卷，顯然（光緒）《廣平府志》中著錄的版本信息更爲完備。再如對於（光緒）《雞澤縣新志》二十卷，著錄的書目信息爲「邑令錢錫宋修，是書光緒十八年，教諭賀家駿編輯，有稿本，」而如今該志已經亡佚。〔註 100〕可見該志「方志」目中著錄有關直隸方志的書目信息，在今天仍然具有重要的參考價值。

而（同治）《畿輔通志》在編製體例時，「藝文只載書目，不載詩文，史例也。今於經、史、子、集四目外，增方志一類，凡直隸統部及府、廳、州、縣志書，無論是否畿輔人所撰，皆編存其目，取便考查。書目較多，故不列入史部。」是志在卷 137「略九十二　藝文五」特設「方志」門，介紹清代直隸有關的方志文獻資料。〔註 101〕因此成爲清代光緒朝的一部較爲完備的直隸方志目錄，價值很高，爲後人研究和利用清代直隸方志提供了一條捷徑。

〔註 100〕吳中彥修，胡景桂纂：（光緒）《廣平府志》卷三十四 略二十一「藝文・方志，」清光緒二十年（1894）刻本。

〔註 101〕李鴻章等修，黃彭年等纂：（同治）《畿輔通志》「凡例，」清同治十年（1871）修，光緒十年（1884）刻本。

（三）地方文獻

清代直隸方志中不但記載關於歷代方志的書目信息，還記載了有關地方文獻的內容。如（光緒）《順天府志》「藝文志一」中所收錄的《紀錄順天事之書》，是由繆荃孫撰，傅雲龍復輯的關於北京地方文獻的知見書目。該書目以當時順天府轄區爲限，收錄了上起周之《燕春秋》，下迄清代光緒《昌平州志》，歷代所修纂北京地方志和有關北京地方文獻的專書。這些書目時空概念清晰，對北京歷史的研究提供了按圖索驥的便利。

繆荃孫是晚清著名的文獻目錄學家，《順天府志・藝文志》是他所編纂的第一種方志藝文志，其中分爲「紀錄順天事」和「順天人著述」兩部分。〔註102〕前者收錄了二百二十九種，後者收錄八百多種。所收書按人編次，著明「存」、「佚」、「未見」，佚者考其所見書目，考其卷數異同，存者注明版本，或者見於某叢書，對於作者履歷必加敘述，對有事迹見於該志它門的徑直指出，不再重錄。重要之作撰有提要，略加評騭。可謂詳略得當，重點突出。所撰提要，尤其可貴。其評騭語有的可指點讀書門徑，如其論《吳中田賦錄》云：「是書記事亦極詳贍可法。」〔註103〕論查林《花農詩抄》云：「林足迹遍天下，其詩不主一家，沉鬱頓挫，間以流麗，讀之令人神往。」有的則係文壇掌故。如其記徐松《新斠注地理志集釋》云：「是書取嘉定錢坫《新斠注地理志》，斠訂錯誤，並改還錢氏臆改之處，採國朝名人訂《漢志》者書於眉端，不能盡者，夾簽於內。松所自考，加『松案』二字。本無書名，手稿爲姚方伯覲元所藏，囑荃孫理稿，爰錄各條，分綴本文之下，屬會稽章大令壽康刊行，以爲讀《漢志》者之一助。原簽內偶有『集釋』二字，即取以名其書。」記《謝氏書目》云：「是書荃孫得之廠肆，題曰『北平謝氏藏書總目』，亦不知爲誰。書分四部，每條皆爲解題，間有考證，讀書者之臧書也。」該書系繆氏搜訪而得，尤其罕見，今人鄭偉章考其係謝寶樹的藏書目，謝氏生活於嘉慶、道光間。〔註104〕其中還有不少考訂文字，頗可正前人之誤，如其記張世則《密雲志》云：「卷數無考。世則事迹見《官吏傳》。萬曆六年修，取邑人刑部主事祝文冕底稿爲之。《遼史拾遺》卷十四引作『劉效祖《密雲志》

〔註102〕萬青黎、周家楣修，張之洞、繆荃孫纂：（光緒）《順天府志》卷一百二十二「藝文志一，」清光緒二十一年（1895）刻本。

〔註103〕萬青黎、周家楣修，張之洞、繆荃孫纂：（光緒）《順天府志》卷一百二十六「藝文志五，」清光緒二十一年（1895）刻本。

〔註104〕鄭偉章撰：《文獻家通考》第479頁，北京：中華書局，1999年6月出版。

即此書』。效祖官兵備道副使，官吏表無其名，僅見於吳佐《密雲志鈔序》。按：效祖《四鎮三關志》成於萬曆初年，與此書時相先後，疑志前有效祖序，竹垞因以傚祖撰也。丁《志》存世則自序。」〔註 105〕另外，《順天府志・藝文志》中有的解題文字採自《四庫全書總目》，如《春明孟餘錄》等條，這些也都是有必要加以瞭解的。

三、宗教

清代直隸在中國近代曾經是中外多種宗教的聚集之地。對於各種宗教在清代直隸的傳播情況，可以參閱直隸各地方志中的相關記載。

（一）佛教、道教

佛教傳入中國的歷史很悠久，而道教則是中國土生土長的宗教。關於這兩種宗教在清代直隸一帶的傳播情況，可以參考各地方志中的有關記載。

這類記載根據其內容可以分爲兩類，一是有關廟宇的數量和地理分佈情況。在清代民眾對於佛教、道教等神靈的祭祀，往往是在分佈於各地城鄉的佛教、道教的廟宇之中。如成書於清道光二十六年（1846）的《津門保甲圖說》，本是關於天津海口民防之志書，書中共有總圖、分圖 181 楨，對清道光二十年（1840）前後，天津縣城鄉的廟宇數量及空間分佈進行了明確而具體的記載，反映了清代前期天津廟宇的概貌，是研究天津傳統廟宇的重要資料。據該志統計，當時天津縣城鄉分佈的各類廟宇共 490 座，以土地廟、觀音廟、關帝廟和娘娘廟爲多。其中土地廟共 59 座，占全部廟宇的 17.76%。觀音廟宮 60 座，占 12.24%。這兩類廟宇總數占全部廟宇的 40%。同時這些廟宇的空間分佈並不平衡，分佈於南面、東南和東面村莊甚至超過了 60%，西面、西北、東北城角、南門外也達到或超過 50%，而其他區域則相對比較少。〔註 106〕在這些廟宇中，雖然有不少屬於佛教，如大悲院、觀音廟，或者道教體系，如元通觀、土地廟，但更多的是帶有三教兼容的特性，如關帝廟和娘娘廟便是呈現儒釋道諸教雜陳的情況。清朝官方和民間對於傳統宗教的影響，是十分重視，並且大力推崇的，一般於「每年春秋而仲月及五月十三日祭祀」。民間傳說每年六月二十四日爲關帝誕辰日，民眾往往於此日前往祭祀，帶去的祭

〔註 105〕萬青黎、周家楣修，張之洞、繆荃孫纂：（光緒）《順天府志》卷一百二十二「藝文志一，」清光緒二十一年（1895）刻本。

〔註 106〕不著撰人：（道光）《津門保甲圖說》，清道光二十六年（1846）刻本。

品以雞、羊、面桃爲主，兼及其它。祈禳、齋醮、求籤、問卦盡人皆知，道教的重生、樂生、養生和萬物有靈的思想，強烈吸引着廣大的民眾，迎合他們熱愛、眷戀人生的世俗要求。康熙和乾隆兩位皇帝曾經先後賜匾於觀音閣，前者爲「潮音清梵，」〔註107〕後者爲則「紫瀲青蓮。」〔註108〕在民間從異域傳來的佛教信仰，到清代已經深入人心，人們逐步接納了觀音、菩薩等眾多神靈，也習慣於從燒香拜佛中尋找心靈的寄託。

二直隸方志除了記載有關佛塔和廟宇的數量和空間分佈情況的外，還記載了許多僧人的情況。如盤山本身作爲京東的風景名勝之地，也具備一定的宗教色彩。有關方志中不僅記載了當地佛塔的分佈情況，如多寶佛塔「在少林寺內，高二百尺，至元中爲道士所壞。順治末僧官仁鳳重修於寺東之龍首，」介紹了多寶佛塔的位置、高度以及修建始末。普化和尚塔則「在古佛塔西南。相傳一日山水暴漲，聞空中有人語曰『珍重佛塔』，普化塔遂沖去基存，又傳普化鎭州行化時有異，僧告隱歸處云，逢盤即住，遇城即止，化涅槃人聞空中木鐸聲自數百里響至天城而止，於是建塔，」介紹了普化和尚塔的位置及其傳說。該志還記述了當地很多廟宇的修建始末，如龍泉寺「一名暗峪寺，元至正中僧順結茅。明成化六年（1470）庚寅僧悟興開建，正德五年（1510）庚午重修，殿前古樹皆千年物。香水寺南二里亦有龍泉寺基，」記述了龍泉寺自元至明的建立和修復情況。而青峰庵「一名青峰寺，正德丙子（十一年，1516）德果重修，萬曆丙子（四年，1576）常淨禪師葺之。康熙辛亥（十年，1671）僧隆寶再葺，內有聖水井，」詳細說明了青峰庵自明至清間的修復始末。另外還介紹了有關寺廟僧人的情況，如「大清養心尊宿，耀州陳氏子，謁博山無異和尚，苦行力參久之，乃北上遊歷燕京諸梵刹，隱顯莫測，居無常所。順治辛丑（十八年，1661）至盤山重興法藏寺。」「大清行乾禪師，字大博，達州人，姓胡氏，母夢神人送子入懷，因而有娠，生時白光彌室，甫五歲自稱和尚。年十三祝髮西聖寺，後入都門愍忠寺，登戒復南詢參萬如微公於龍池，機契乃付衣，拂命北上至盤山，建正法禪院。」〔註109〕分別介紹了「大清養心尊宿」和「大清行乾禪師」兩位僧人的姓氏、籍貫、身世、修

〔註107〕李梅賓、程鳳文修，吳廷華、汪沆纂：（乾隆）《天津府志》卷一「天章，」清乾隆四年（1739）刻本。

〔註108〕沈家本、榮銓修，徐宗亮、蔡啓盛纂：（光緒）《重修天津府志》卷三十四「經政八・祀典，」清光緒二十一年（1895）修，光緒二十五年（1899）刻本。

〔註109〕釋智樸纂修：（康熙）《盤山志》卷一，清康熙三十年（1691）刻本。

煉以及到盤山建立寺院的經過，資料十分翔實。

（二）西方宗教

除了佛、道兩教外，明末清初隨着中西文化交流的逐步開展，西方的傳教士開始進入中國從事傳教活動，西方宗教從此開始在直隸地區進行傳播。初期由於受到清朝政府有關政策的嚴格限制，當時傳教士的傳教活動主要集中在宮廷內部，範圍有限，規模很小，影響並不大。

鴉片戰爭以後，隨着西方列強對華經濟、軍事侵略的日益加深，文化滲透的不斷加快，大量的西方傳教士加緊在直隸地區傳播和滲透，西方宗教在直隸各地的影響日益擴大，主要表現為直隸各地信奉西方宗教的人數大為增加，勢力也逐漸壯大。直隸有關方志中對這方面情況的反映也是十分具體的。如正定府贊皇縣的民眾中，清初信奉天主教與耶穌教者為零，晚清時全縣則「奉天主教者四百二十三人，奉耶穌教者二百六十餘人，」而「回教人無，喇嘛黃教、紅教人無。」〔註 110〕清末正定府晉州回教（伊斯蘭教）的情況，則是「今縣境入此教者共有十餘人」，天主教「今縣境入此教者共有數百人，」耶穌教「今縣境入此教者共有數十人。」〔註 111〕而宣化府宣化縣的情況更為突出，那裡「曩無外教，自回種人入境，始有回、漢兩教之名，然種類攸分迷信、習慣，從無旗、漢人入教者。惟天主教傳來未久，而入者頗多。近年來耶穌教徒踵至，亦漸有信從之人。」其中信奉回教（伊斯蘭教）者，「本城多，四鄉少，約計一千戶，五千餘人。」信奉天主教者，「城鄉平均一千二百餘戶，七千五百餘人」而信奉耶穌教者「四鄉少，本城尤少，約計三、四百人。」〔註 112〕可見在清末直隸一帶的西方宗教的傳播速度不斷加快，信徒數量快速增長，而傳統宗教的傳播速度難以匹敵。

晚清直隸方志中記載的信奉西方宗教人數等相關資料，都是十分翔實的，在各地以往舊志中也是難得一見的。因此它的出現，標誌着西方宗教勢力在清代直隸一帶的傳教活動日益加劇，勢力範圍不斷擴大，影響逐步加深。

〔註 110〕秦兆階纂修：（光緒）《贊皇縣鄉土志》，清抄本。

〔註 111〕李翰如纂修：（宣統）《晉縣鄉土志》，民國十七年（1928）抄本。

〔註 112〕謝愷纂修：（光緒）《宣化縣鄉土志》「宗教，」清光緒三十三年（1907）抄本。

（三）民間宗教

1. 媽祖文化

直隸方志中對媽祖信仰的記載和反映十分豐富，稱號以「媽祖」、「娘娘」、「天后」、「海神」和「碧霞元君」等爲代表，地域大體上以天津爲中心，涵蓋當時直隸的廣袤區域。內容涉及各地媽祖寺廟的坐落地址、數量、傳說，清朝歷代皇帝對媽祖的封號、敕文，以及官員、名士出於對媽祖的信仰，所撰寫的各類詩歌、散文和碑文等有關研究媽祖文化重要的文獻資料。目前學術界研究媽祖文化，也是以大量的地方志等文獻資料作爲重要的參考。直隸方志中記載的媽祖文獻資料的內容主要分爲：

（1）關於各地媽祖廟宇的分佈及其數量

直隸方志中對媽祖信仰記載，最常見的就是各府、州、縣媽祖廟的數量和分佈情況。如「天妃宮：在天津縣東門外，《元史》泰定三年（1326）作天妃宮於海津鎮，即此。本朝乾隆四十九年（1784）修，嘉慶七年（1802）」重修。嘉慶十三年（1808）仁宗睿皇帝巡幸天津，御書額曰『垂祐瀛壖』。」詳細記載現今天津天后宮建立年代、方位，以及清代歷朝皇帝重加修葺、巡幸，並御製碑詩文和匾額等內容。〔註 113〕天津及周邊一帶，人們往往尊稱媽祖爲「娘娘」，如（道光）《薊州志》記載：「娘娘廟在州境者八：一在州東三十五里馬伸橋　，一在州東十五里三家店，一在州西三十里邦均店，一在州西六十里栲栳山，一在州南四十里蕭流莊，一在州南三十里上倉店，一在州南六十里下倉店，一在州南五十里蒙家圈。」同時，作爲在天津天后宮配神之一的「眼光娘娘」，在這裡也享有專門的祠廟，「眼光娘娘廟在（城關）西門甕城內。」文中詳列媽祖廟宇在薊州境內的數量和地理方位，說明媽祖信仰在這裡的影響很深。〔註 114〕清代直隸方志中，對直隸各府、州、縣媽祖廟（包括「碧霞元君」廟）的數量和分佈情況的記載，直接反映了媽祖信仰在本地逐步傳播的情況。

（2）關於媽祖的身世、名號、歷朝皇帝的封號及傳說

清代直隸方志中不僅有許多關於媽祖的身世、名號、歷朝皇帝的封號及

〔註 113〕穆彰阿、潘錫恩等纂修：（嘉慶）《大清一統志》卷二十五「天津府，」民國二十三年（1934）據清道光二十二年（1842）進呈寫本影印。

〔註 114〕沈銳纂修：（道光）《薊州志》卷三「建置志・壇廟，」清道光十一年（1831）刻本。

傳說的記載，而且還不乏涉及對相關領域中的問題進行分析、考辯的內容。

如（光緒）《玉田縣志》載該縣「天妃行宮在西關前，」同時認爲「此廟宜改稱『天后行宮』。」至於改名的原因，該志的纂修者進行了認眞的考證，提出自己的見解。首先介紹媽祖的身世、事迹，媽祖「蓋莆之湄州嶼人，五代時閩都巡檢願之第六女，生於石晉天福八年（公元 943 年），宋雍熙四年（987）二月二十九日化去。後嘗衣朱衣往來海上，里人虔祀之。」接着詳述自北宋宣和年間至清代嘉慶年間歷朝皇帝對媽祖的封號情況，並明確指出其資料來源。北宋「宣和癸卯（五年，1123），給事中路允迪使高麗，中流遇風，他舟皆溺，神獨集路舟，得免還。奏特賜廟號曰『順濟』。」南宋「紹興乙卯（五年，1135）海寇至，神駕風一歸而遁，封『昭應崇福。』乾道己丑（五年，1169）加封『善利，』淳熙間加封『靈惠，』慶元、開禧、景定間，累封『助順』、『顯衛』、『英烈』、『協正』、『集慶』等號，見張燮《東西洋考》。又《夷堅志》載『興化軍海口林夫人廟靈異甚著，今進爲妃云。』是宋時已封妃矣。元至元中護海運有奇，加封『天妃』神號，曰：『護國明著靈慧協正善慶顯濟天妃，』見《元史》。似由夫人而妃，至此始加『天』字，故或謂『天妃』之名，自有元始。何喬遠《閩書》載妃生卒，與張燮同。又謂生時即能乘席渡海，人呼爲『龍女。』升化後，名其墩曰『聖墩』，立祠祀之。明洪武五年（1372），又以護海運功，封『孝順純正孚濟感應聖妃』，則又有『聖妃』之稱。永樂後仍稱『天妃』，吳氏《吾學錄》謂『初封靈慧夫人，歷元、明累封天妃。』國朝康熙二十三年（1684），加封『天后』，嘉慶六年（1801）追封神父爲『積慶公』，母爲『積慶夫人』。蓋定神爲林氏女，累封至『護國庇民妙靈昭應宏仁普濟福祐群生誠感咸孚顯神贊順垂慈篤祜，』故天妃祀於莆田也。」

另外是志編修者還就清代著名學者趙翼圍繞媽祖各種稱謂問題，一一進行辨誤和考證，明確提出自己的見解，「趙氏翼書別引張氏《使琉球記》云『天妃姓蔡，閩海中梅花所人，爲父投海身死。』蓋未見嘉慶初詔旨，又謂『今江湖間俱稱天妃，天津之廟並稱天后。』豈天后之號獨加之天津神廟乎？殆亦未聞康熙二十三年（1684）詔旨耳！今海中當危急時號救，往往有紅燈或神鳥來，輒得免，皆神之靈。亦見趙書如此，則祀典封號洵不誣矣。」〔註 115〕文中所記載的內容分豐富，涵蓋媽祖身世、名號，歷朝皇帝的封號及傳說，媽

〔註 115〕夏子鎏修，李昌時纂，丁維續纂：（光緒）《玉田縣志》卷十一「建置志，」清光緒十年（1884）刻本。

祖信仰的宗教功能等各領域的內容，對於深化當今媽祖信仰的研究，弘揚媽祖文化精神，具有重要的參考價值和啓迪作用。

（3）歷代文人創作與媽祖文化有關的各種詩文及碑記等文獻資料

媽祖信仰在傳播過程中不斷豐富媽祖文獻的內涵，同樣媽祖文獻的逐步積累，也進一步推動了媽祖信仰的傳播，近年來媽祖文獻已經成爲媽祖信仰研究領域中的熱點之一。清代直隸地方志中的媽祖文獻資料，已經成爲媽祖文獻一個重要的組成部分。通過對清代直隸方志中媽祖文獻資料的考察和研究，有利於進一步瞭解媽祖信仰在清代直隸地區的傳播情況。

清代直隸方志中收錄了大量的由歷代文人創作，與媽祖文化內容相關的各種詩文及碑記等作品。如（乾隆）《寶坻縣志》記載元太常卿張翥所作《代祀天妃廟》:「曉日三岔口，連檣集萬艘。 普天均雨露，大海淨波濤。入廟靈風肅，焚香瑞氣高。使臣三奠畢，喜色滿宮袍。」〔註 116〕詳述天津天后宮香火旺盛，以及作爲漕運要道，天津海河三岔口漕船曾經來來往往的繁忙景象。

再如（乾隆）《臨榆縣志》記載有關山海關天妃宮的情況。山海關天妃宮建立於明代，位於永祐寺之西，清乾隆八年（1743）清高宗曾經「御書賜額曰『珠宮湧現』，」清乾隆十九年（1754）臨榆縣知縣鍾和梅重修。〔註 117〕並且同時是志還收錄明人祁順所撰寫的《天妃廟記》:「天地間，海爲最鉅。海之神，天妃爲最靈。 凡薄海之邦，無不祀天妃者，由能驅變怪，息風濤，有大功於人也。」作者認爲在海神之中，天妃之神感應最爲靈驗。她能夠降妖伏怪，蕩平風浪，保祐人們出行平安，因此在臨海之處到處都祭祀天妃，這也成爲媽祖信仰廣爲傳播的重要原因。

而「山海去城南十里許爲薄海，汪洋萬頃，不見崖涘。海旁舊有天妃祠，相傳謂國初時海運之人，有遭急變而賴神以濟者，因建祠以答神貺。歷歲滋久，故址爲浪衝擊，幾不可支。而堂宇隘陋，亦漸頹毀」詳述山海關一帶天妃宮的地理位置、修建歷史以及現狀。

明朝天順七年（1463），「太監裴公璫以王事駐節山海，諗神之靈，就謁祠下，顧瞻咨嗟，語守臣及其屬曰：『天妃顯應，功利聞天下，而廟貌若茲，非所以崇名祀也。盍撤其舊而新是圖。』遂施白金三十兩，以倡於眾。時鎮

〔註 116〕洪肇楙修，蔡寅斗纂：（乾隆）《寶坻縣志》卷十八「藝文志，」清乾隆十年（1745）刻本。

〔註 117〕鍾和梅纂修：（乾隆）《臨榆縣志》卷三「秩祀，」清乾隆二十一年（1756）刻本。

關兵部主事楊君琚，暨參將吳侯得各捐資爲助，而凡好義者亦皆致財效力，以後爲愧。於是市材僦工，擇時興役，崇舊基而加廣焉。爲祠前後各三間，堅致華敞，足歷永久，其像惟天妃因舊以加整飭，餘則皆新塑者，復繪眾神於壁間，威儀蹌蹌，森列左右，遠近來觀，莫不肅然起敬，以爲前所未有也。肇工於甲申年（天順八年，1464）秋七月，落成於是年冬十月。」記載天妃宮的修復時間、集資過程、寺廟具體的修復過程。

「嘗聞東南人航海中者，咸寄命於天妃。或遇風濤險惡變怪，將覆舟，即疾呼求救，見桅檣上火光燦然，舟立定，是其捍患禦災，功罕與比。故在人尤加敬事，而天妃名號居百神之上，亦莫與京焉。渤海之廣，無遠不通。神之流行，無往不在。人賴神以安，神依人而立。然則斯祠之建，庸可後乎？」敘述媽祖護祐萬方生靈的效應，人們信仰媽祖的原因所在，以及重修該天妃宮的重要意義。〔註 118〕

媽祖在清代直隸一帶也被曾經稱爲「碧霞元君」或者「泰山娘娘，」而（光緒）《大城縣志》之《天妃廟碑記》一文中，則詳細記載當地泰山娘娘行宮信眾絡繹不絕，香火十分旺盛的場景，「於是遊其地者無不曰『彩畫莊嚴，冠絕一時。』蓋其爲地也，以林木勝，以水月勝。其爲僧也，以戒律勝，以詩畫勝，以幽淡枯寂勝。於是四方百里之遙，求福者無不於是奔，求祿者無不於是禱，即求名、求利、求子嗣、求免災殃者，亦無不於是祈也。使數不當盛，事不當成，何以禱爲之應，祈爲之靈。凡有入廟千求無不顯報，而令數千萬人匍匐恐後也哉！」〔註 119〕這些在一定程度上反映出清代直隸各地媽祖信仰基礎深厚，已經深深植根於當地民眾的心中。

2. 其它民間宗教

清代直隸地區還存在着許多吸收儒家思想、道教和佛教宗教信仰成分，加以改造，適合普通民眾水平的其它民間宗教。如那裡曾經是白蓮教等各種民間宗教的聚集和活躍的場所，也是近代各種教案發生之地，尤其成爲義和團運動鬥爭的重要戰場。這些內容在許多清代直隸方志中，都有大量的反映。

〔註 118〕鍾和梅纂修：（乾隆）《臨榆縣志》卷十三「藝文中，」清乾隆二十一年（1756）刻本。

〔註 119〕趙炳文、徐國楨修，劉鍾英、鄧毓怡纂：（光緒）《大城縣志》卷十一「金石志・碑記，」清光緒二十四年（1898）刻本。

（1）詳述民間宗教在直隸的淵源、傳播過程、主要流派，以及傳播現狀。

如（雍正）《肥鄉縣志》中曾經記載羅祖教、聞香教、無爲教等民間宗教的活動。是志的纂修者雖然斥之爲「邪，」然而能專爲之立目記載，在志書中卻是十分少見的。是志記述各種民間宗教在直隸一帶傳播的歷史，「邪教之流傳遠矣，大約張角、韓山童之餘焰也。藉行善誘愚民，而陰以遂其聚斂宣淫之事。」民間宗教門戶雖然很多，主要是「羅祖教、聞香教、無爲教三種名色。」而且信眾始終不斷，「明初則有彭舉、唐賽兒，其後則有杜光輝，其後更有栗丁。星星之火，幾致燎原。」記述直隸各地歷代民間宗教從事各種鬥爭活動的情況。「伏辜屢經大創，而愚民惑溺轉深，把齊看經，以爲來生計者，其風至今未盡掃除也。如石壓草還生，如刀割絲不斷，執迷不悟，難以戶說，」〔註 120〕詳述各種民間宗教的在直隸的廣泛傳播及其深遠影響。清代直隸方志中的這些記載，對於清代直隸民間秘密宗教史的研究，以及歷代農民武裝起義活動，具有重要的史料價值。

（2）以白蓮教為主要代表的民間宗教在直隸鬥爭歷程及其成果

清代特別是清代中後期，以白蓮教爲代表的各種民間宗教在直隸各地的鬥爭活動此起彼伏，並取得很多戰果。這些內容在有關方志中的反映得十分詳細。

如廣平府曲周縣曾經是清代白蓮教武裝鬥爭活動的重點地區，（同治）《曲周縣志》具體記載了這方面的情況。如詳載關於清代咸豐年間白蓮教在該縣境內活動的歷程及其戰果。該縣白蓮教首領張善繼，山東臨清州侯家莊人，先世即是白蓮教徒，「其先人燒香惑眾，號『白蓮教祖』，」後來「事發，充軍，遇赦回籍，漏網，死。」清咸豐十一年（1861）郜四、楊汰、叢正、姚汰來、孫全仁等人聯合組成白蓮教起義軍，連陷邱縣、冠縣、莘縣、館陶等處，不久張善繼參與進來，並被推舉爲首領。當地地主武裝組織抵抗，「孝固村生員吉大成等慷慨捐資，結鄉民禦賊，」曲周縣令范守恒也曾派典史倪嘉璘帶官兵三百人，赴孝固村進行鎮壓，由於官軍長期缺乏訓練，戰鬥力不強，因此「猝遇賊眾，望風逃竄。」三月十九日，「賊縱火焚孝固村，殺鄉團二百七十餘人」義軍戰果輝煌。至二十七日，義軍進攻縣城，取得重大戰果，其中殺死知縣范守恒、典史倪嘉璘，共「計紳民商役暨勇壯死者約千數百人。」

〔註 120〕王建中修，宋錦纂：（雍正）《肥鄉縣志》卷二「風俗門・邪教，」清雍正十年（1732）刻本。

起義軍進一步擴大戰果，「遂劫獄庫，焚衙署，火光燭天，連晝夜不息，房屋燒毀者十之九，財物搶掠一空。」二十九日起義軍進攻威縣，不克，遂陷清河，並導致曲周縣的政府機構陷於癱瘓，該縣月餘間未設縣官。七月初七日再燃戰火，清政府派兵鎮壓，起義軍作戰失利，首領張澱甲被俘。起義軍進入永年縣境內，張善繼率將領數人在沙河縣被官軍擒獲，被殺。起義軍餘部「奔踞運河東，」堅持鬥爭活動至當年十一月。

是志還專設「賜恤官員暨殉難陣亡紳民勇役」欄目，分別詳列白蓮教武裝殲敵的人數、姓名、籍貫、職務等等。如清咸豐十一年（1861）三月二十七日與起義軍作戰中，記載陣亡的當地清朝各級政府官員有：曲周知縣范守恒、典史倪嘉璘，以及候選州判王鼎、從九品范秉恒，帶邯鄲勇委員候補典史施煥章，帶曲周勇練長從九銜王爲霖。與起義軍作戰陣亡的還有很多儒生：如清咸豐十一年（1861）三月十九日，孝固村陣亡貢監生員十四名，城鄉接次禦賊不屈遇害紳士共十一名。被白蓮教起義軍殺死的官兵同樣不少：清咸豐十一年（1861）三月二十七日守城陣亡的邯鄲練勇一百三十一名，曲周練勇一百二十八名。其它人員：清咸豐十一年（1861）三月二十七日，城鄉殉難民人二百八十八名，守城陣亡書役二百零五名，從范公殉難家丁十一名，孝固村陣亡民人一百五十九名，褚家莊陣亡民人十三名，王常村陣亡民人四名，小屯村陣亡民人十七名，野狸寨陣亡民人十三名，第四營陣亡民人二十一名，第四營陣亡民人二十一名，耿家莊陣亡民人二十一名等等，並一一開列以上人員的姓名、身份和住址等。

另外還包括清咸豐十一年（1861）九月十五日，冠城陣亡曲周練勇三名。十一月初八日，七岔路陣亡曲周練勇六十四名，其中二十七名爲本縣人，三十七名爲外縣人。四鄉節次禦賊不屈遇害民人一百六十五名，並一一開列人員的姓名。〔註 121〕這些文獻記載資料十分翔實，不僅在正史中絕少見到，而且在一般方志中也並不多見，因此對於研究白蓮教在清代直隸地區傳播和武裝鬥爭活動的情況，具有很高的參考價值。

四、軍事

清代直隸北部鄰接蒙古等各少數民族部落，屬於內地與邊疆往來的咽喉

〔註 121〕存祿修，劉自立纂：（同治）《曲周縣志》卷十一「兵紀，」清同治八年（1869）刻本。

要道，戰略位置十分重要，因此清政府在那裡都修築了大量的關隘和堡壘等軍事設施，部署重兵進行駐防。有關這方面的內容，清代直隸有關方志中都有大量的記載。

如延慶州「居居庸之北，宣府之左，中外之限僅界一牆，腹邊相距不過百里，爲必爭之地，」歷來屬於北京重要的戰略門戶。(乾隆)《延慶州志》的「邊防志」作爲是志之重點，因此對於這方面的情況記述得十分具體。作者徵引史書舊志，歷數駐防的參將官軍數目和征戰情況，並對延慶州境內數十處軍事要塞的四界、形勢，以及邊牆、城堡、駐防、軍器、炮位和墩臺等情況，分別進行了明確的考證。並「按外口、內口其阨塞坦易之處，詳繪各圖，俾一展卷而形勝俱在目中。」〔註 122〕既可補前志所無，也可詳其它文獻資料之略，因此具有很高的史料價值。

其中有關城堡要塞的記載尤爲詳細，這裡僅以「周四溝」爲例加以說明。如記載「周四溝」的戰略位置，「在州東九十里，東至大勝嶺，接四海冶界，通黃花路，西至大鴉口汛，通永寧路，接劉斌堡界，南至三頂盔，通千石河路，由昌平至京師一百一十里，北至營盤口，邊牆通千家店路，與四海冶、千家店爲掎角之勢，可以彼此應援。劉斌堡、黑漢嶺、天門關，又俱可設伏之地也。」

關於周四溝邊牆的修築情況，記載「東自四海冶、花樓子交界起，西至靖安堡馬路、南樓交界止，共計沿長六十五里零六步，折丈一萬一千七百三丈。」這裡的城牆、城門建置爲「高三丈五尺，連關廂圍牆，共圍四百五十一丈，門三座，明嘉靖十九年（1540）築。」駐防兵員分佈及其數量爲「守備一員，營盤口外委把總一員，在營兵八十五名，內馬兵一十二名，守兵七十三名，汛撥四處。分水嶺汛守兵五名，五里鋪汛守兵五名，大鴉口汛守兵五名，營盤口汛守兵五名。」

關於周四溝軍器裝置配備，爲「盔甲一百五頂副，虎衣、虎帽五頂身，大刀八口，腰刀四十八口，藤牌背刀九面口，弓四十一張，箭一千四百九十枝，三眼槍十一杆。」炮位設置爲「大炮九十五位，湧珠炮七十位，鳥槍四十一杆。」彈藥儲備方面，共「儲備鉛子二百二十五斤十三兩，儲備火藥一千三十八斤。」

〔註 122〕李鍾俾修，穆元肇、方世熙纂：(乾隆)《延慶州志》卷一「凡例，」清乾隆七年（1742）刻本。

是志還詳述周四溝周邊各隘口通行情況。如「大鴉口內口在周四溝西，路平有汎。寧靖新墩在周四溝東北，係邊牆倒塌，易於偷越，未經封閉。菜官嶺外口在周四溝正北，即營盤口，又名『九嶺口』，路險有汎。檫獨湖口外口在周四溝西北，今封閉。」所設墩臺有「寧靖新墩、關北口新樓、蕨菜衝三墩、望遠墩、黃土嶺口樓、菜官嶺三墩、東石河口樓、西石河口樓、鮑魚衝東頂墩、鮑魚衝西頂墩。」

另外是志「兵事」門還詳載了從東漢安帝元初五年（公元 118），至明世宗嘉靖四十年（1561），共計一千四百餘年間，在延慶州境內發生歷次重大戰爭的情況，對於研究中國古代戰爭史具有重要的參考作用。「法令」門則重點介紹了自明代永樂十二年（1414），至清代雍正十二年（1734），明清兩代邊軍的各項軍政與邊政政策的建立、沿革和逐步完善的過程，對研究中國軍事制度史具有一定的參考價值。〔註 123〕

再如萬全縣地理位置同樣十分重要，具有重大的戰略價值。（乾隆）《萬全縣志》根據本地的這一特點，十分注重軍事內容的記載。其中卷四「武備志」包括軍制、軍儲、馬政、軍器四目，對明清兩代邊防軍的編制、糧餉、戰馬管理、武器裝備，載錄系統而詳盡。「軍制、軍餉從明設衛起，例同疆域，不詳者闕。馬政例同軍制，附以前人條議，重戎事也。軍器例同馬政，雖小必書，重軍實也。」〔註 124〕這些翔實的資料爲研究明清兩代的軍事制度，提供了重要的依據。

另外從清朝定都北京開始，直隸沿海一帶的形勢日益嚴峻，海防的任務不斷加重。如天津作爲拱衛京師的重鎮地位逐步顯現，其在軍事上的重要作用不斷增強，因此清朝政府十分重視加強天津的軍事防務，在那裡經營多年，逐步建立了一套較爲完整的軍事防禦系統。關於這方面的情況，有關方志中也有明確的記載。如（乾隆）《天津縣志》記載清雍正四年（1726）已經在天津大沽口設立水師營，職責是防守海口，以護衛京師的安全。由於海口爲咽喉之地，故在此設都統一名，駐紮天津海口盧家嘴。另設協領四員，佐領二十四員，防禦二十四員，驍騎校二十四員，均由滿洲人擔任。此外另設協領兩員，佐領八員，防禦八員，驍騎校尉八員，均由蒙古人擔

〔註 123〕李鍾俾修，穆元肇、方世熙纂：（乾隆）《延慶州志》卷八「邊防，」清乾隆七年（1742）刻本。

〔註 124〕左承業纂修：（乾隆）《萬全縣志》卷首「凡例，」清乾隆十年（1745）刻本。

任。統領「前鋒甲兵二千名，炮手一百四十四名，馬二百匹。」每年所需「俸餉、馬乾等銀六萬六千九百二十三兩，米一萬一千二百二十七石四斗五升」於「截漕支給。」由於水師營的責任重大，另設「總領教習一員，教習官十六員，水手、正舵工、正繚手、正椗手、正阿班、正舢班、副舵工、副繚手、副椗手、副阿班、副舢班，以上各三十二名，共水手三百二十名」以上每年所需「俸薪、工食等銀一萬二千五百九十九兩一分一釐九毫九絲二忽，米一千九百二十九石六斗，」也於「截漕支給。」〔註 125〕兵丁除操演和練習火器外，還要掌握駕船掌舵等航海技術，以備鯨濤不測之變。爲了加強水師營的防禦力量，清乾隆八年（1743）天津水師營增設副都統一名，水師營增兵一千名。

除了在大沽口設立水師營外，清乾隆、嘉慶年間還陸續在大沽海口陸續修建炮臺，清咸豐八年（1858）在大沽海口南岸的東沽村東海河口修建炮臺三座，在海口北岸寧河縣界於家堡村南海河口修建炮臺倆座，後牆營門小炮臺二十五座。總共配備大炮六十四尊，每臺三座，「餘俱設小炮臺炮洞，復於小炮臺設噴炮、次炮二十五尊，每尊管帶官一員，兵丁十二名。」〔註 126〕

五、民族關係

清代是我國統一的多民族國家不斷發展和鞏固的時期。在此期間，清朝中央政府的民族政策在實施中，逐步得到完善和強化，通過對蒙古族、維吾爾族和藏族等周邊少數民族卓有成效的治理，各民族間的融合不斷增強。中華民族作爲各民族大家庭的地位進一步強化，民族團結日益鞏固和完善。直隸方志中對清廷的民族政策，以及在各地執行的成果也多有反映。

（一）清廷的民族政策

在清代我國統一的多民族國家地位，進一步發展和鞏固，在一定程度上得益於清廷所奉行的民族政策。這些內容在直隸方志中，也曾經有不少記載。如（乾隆）《欽定熱河志》載熱河「（避暑）山莊內寺廟，皆奉敕建修。其在山莊外者，或建自諸藩以申慶祝，或威示外檄以肅觀瞻。邇年土爾扈特全部歸順，則有『普陀宗乘』之建。班禪額爾德尼入覲，則有『須彌福壽』之建，

〔註 125〕朱奎揚、張志奇修，吳廷華等纂：（乾隆）《天津縣志》卷十「海防志，」清乾隆四年（1739）刻本。

〔註 126〕吳惠元修，蔣玉虹、俞樾纂：（同治）《續天津縣志》卷六「海防兵制，」清同治九年（1870）刻本。

尤爲莊嚴鉅麗。」〔註 127〕文中通過對承德避暑山莊內外寺廟修建情況的介紹，間接地讚美了清廷民族政策取得的豐碩成果。

而（道光）《承德府志》中「壇廟」、「寺觀」、「古迹」各門目，則對仿伊犁固爾札廟、仿西藏布達拉宮所建之普陀宗乘廟記述得十分詳細，體現了民族團結之意義。如《高宗御製普陀宗乘之廟碑》載「普陀宗乘廟，在府東北熱河行宮北里許，乾隆三十五年（1770）舊藩新附，溥慶臚歡，命仿西藏布達拉都綱法式創建茲宇，」明確記載該廟的落成過程，以及對清代統一的蒙、回、藏、漢多民族國家鞏固的歷史意義。是志還詳細說明清廷治藏政策的由來。「近年廓爾喀侵擾後藏，興師進剿即畏罪請降，藏地以安。然藏中大喇嘛轉生之呼，必勒罕率出於一族，竟與世襲相同。皇父（指乾隆帝）洞鑒其私，製金奔巴瓶送往西藏，凡藏中有轉世之大呼必勒罕，命眾舉數人各書其名置瓶中，公掣以定，而弊可絕，綏靖荒陲，護持佛法，惟有大威力，斯能布大福德爾。」〔註 128〕直隸方志中的有關內容，對於研究清代中央政府治理西藏的民族政策，維護我國當今多民族的團結和統一，同樣具備一定的參考價值。

（二）臺站和牧場

清代塞北地區曾經是各少數民族的主要聚居區，也是往來於內地和北邊的咽喉要道。清朝中央政府在此設立完整的管理機構，實施有效的治理，「本朝受命奄有北國張家口、獨石口及開平之多倫諾爾，設理事廳三，以聽蒙古民人交涉之事。張家、獨石二口，壩內治其土田，職其糧賦。多倫諾爾，商賈薈萃之所，平市價，榷物稅，咸置兵，設郵，立倉庫，固監獄，體制漸與內郡同。」〔註 129〕（乾隆）《口北三廳志》設目切要，如臺站、考牧等，爲研究塞北少數民族歷史提供了翔實的資料。

是志對臺站制度的記載，內容十分翔實。臺站是軍臺和驛站的合稱，它的基本職能在蒙古地區是負責軍事通訊和物資轉運等事務，均爲清廷所設。臺站按規模大小，又有正站和腰站之分，前者爲大站，後者爲小站。漢南蒙古地區的臺站始設於清康熙三十年（1691），並與長城以南的漢站相連，直通

〔註 127〕和珅、梁國治纂修：（乾隆）《欽定熱河志》卷首「凡例，」清乾隆四十六年（1781）刻本。

〔註 128〕海忠纂修：（道光）《承德府志》卷十九「寺觀，」清道光十一年（1831）刻本。

〔註 129〕黃可潤纂修：（乾隆）《口北三廳志》黃可潤「序，」清乾隆二十三年（1758）刻本。

北京。其中《口北三廳志》中詳載獨石口、張家口所設臺站的有關情況。「本朝定鼎燕都，外蕃六部來享來王者喀爾咯蘇尼特、阿霸垓蒿齊忒諸部，咸取道於獨石、張家二口。而阿爾泰二十九軍臺路通蔥、鄯，又候騎所從出也，其規劃制度，各有司存，」因此是志因地制宜，在編排門類時特設「臺站志。」

如阿爾泰軍臺設於清康熙三十二年（1693），「共大站二十九，腰站一十五。」管理機構人員配置情況：「總理軍站事務總管一員，副總管一員，張家口驛傳道一員，俱駐紮張家口。賽爾烏蘇驛傳道一員，筆帖式三員，蒙古參領四員，章京二十二員，驍騎校二十二員，領催四十四名，蒙古甲兵三百零五名，站丁四百四十名。」張家口驛站部員管理範圍：「漢驛一，臺站十，腰站七，外兼管內地腰站二處：宣化縣榆林堡，萬全縣張家口下堡。」張家口驛（漢驛）位於萬全縣東三十里，明代所設置。清康熙三十二年（1693）改設萬全縣，縣丞管理。（康熙）三十三年（1694）歸併管站驛傳部員。」人員設施配備狀況，「現在驛馬三十匹，軍站馬三十匹，馬牌、獸醫、夫役五十一名。」

是志不僅一一列出二十九個臺站的名稱，還詳解阿爾泰軍臺自張家口分別至二十九個臺站間的距離，以及所屬腰站的名稱。「以上臺站自張家口上堡至阿爾泰新城，共計程二千二百七十六里，內自第十六臺木胡爾噶淳，至第十九臺卓博爾胡都克二百四十餘里，係瀚海地方，不便養馬，俱設駝站，餘仍設馬。」〔註 130〕

此外塞北地區在清代還曾經是廣袤的草原，「冀之北土，良馬所自出，」畜牧業十分發達。其中主要是由於那裡生態環境優良，「蓋草肥土衍，自古而然。」再加上滿洲貴族都是以騎馬打仗起家的，因此他們對於馬匹的養殖格外重視，塞北地區便一直成爲清廷重要的馬匹養殖基地。「我太宗文皇帝既平插漢，謂此地宜畜牧，遂歷置公私牧廠於此。自上駟院慶豐司而外，又有王公大人分地。康熙年間馬駝牛羊蕃息，大約三百餘萬。考牧之盛，自古未有也。」清廷在那裡專設特定的機構進行管理，「各廠皆有總管章京耑司其事，以籍隸內府。」故（乾隆）《口北三廳志》在門類中特設「考牧志，」其「一切規劃經制，概非地方有司之所得預聞，惟於道里處所，則可考而知也，」目的在於「俾覽者可因是而得其大略焉。」

〔註 130〕黃可潤纂修：（乾隆）《口北三廳志》卷六「臺站志，」清乾隆二十三年（1758）刻本。

是志詳載各牧場的名稱、地理位置、方圓面積，及其四至情況。如御馬廠「〈一統志〉：即太僕寺牧廠，亦名上都牧廠，在獨石口東北一百四十五里博羅城，東西距一百二十五里，南北距一百九十七里。東至古爾板庫德界，西至鑲白旗察哈爾界，南至插漢噶爾特界，北至鑲白旗察哈爾界。」太僕寺左翼牧廠「〈一統志〉：在張家口東北一百四十里喀喇泥墩井，東西距一百三十里，南北距五十里。東至宣化府邊界，西至鑲黃旗牧廠界，南至鑲藍旗牧廠界，北至鑲黃旗察哈爾界。」

清廷在當地設置牧場管理機構的人員配備是：「總管衙門現設總管一員，副總管一員，蒙古筆帖式十員，效力筆帖式五員。」至於各所牧場的馬匹種類、數量、管理人員的配備情況，如上都達布遜諾爾二處「騍馬一百三十四群，總司牧養協領六員，副協領一十二員。每群牧長一名，牧副一名，牧丁七名，共牧長一百三十四名，牧副一百三十四名，牧丁九百三十八名。騸馬四十六群，每群牧長一名，牧副一名，牧丁七名，共牧長四十六名，牧副四十六名，牧丁三百二十二名。走馬一群，牧長一名，牧副一名，牧丁七名。騸駝六群，每群牧長一名，牧副一名，牧丁七名。共牧長六名，牧副六名，牧丁四十二名。」在經費開支方面，「以上官員及牧丁俸餉，俱由上駟院轉咨戶部支給。」有關牧場管理制度實施的情況，「以上三處馬俱定例，三年一次，定議賞罰。」〔註 131〕通過上述文獻中的有關記載，有助於我們對清代塞北地區各牧場的設置和經營管理狀況，有一個十分明確的認識和瞭解。

六、社會生活

（一）社會風俗

對於各地社會風俗方面系統而翔實的記載，既是清代直隸方志的重要內容，也是它的一個主要特徵。大凡歲時節日、人生儀禮、民間信仰、衣食住行等，在每部清代直隸方志中都能夠得到比較明確而集中的記述。

清代直隸各地的社會風俗，種類十分豐富。如天津府靜海縣每年五月二十五至三十日，都要舉辦民俗色彩濃厚的城隍廟會，「經理此會者頗盡誠敬，先一日迎神像於城南彩棚，演戲一臺。有花棚，有茶棚，有客棚，有香火棚。商賈貨物雲集四鄉，玩藝會色色俱佳，對神棚排班歌舞。次則歷至各署獻藝，

〔註 131〕黃可潤纂修：（乾隆）《口北三廳志》卷六「考牧志，」清乾隆二十三年（1758）刻本。

鼓樂之聲喧闐遠邇，行香玩會者色飛眉舞。」因爲這種廟會的舉辦，不少都是和各地經濟狀況密切相關，「大抵年愈豐，會愈盛。」〔註 132〕因此從這種廟會舉辦的規模和人們的參與情況，便可以大體瞭解到當地經濟的發展情況。

區域性是社會風俗資料的另一個根本特徵，而作爲社會風俗研究的重要任務之一，就是關注、發現和解釋它的區域性。清代直隸方志中的社會風俗記述，有着確切的區域定位，爲開展社會風俗的區域比較研究提供了十分有利的條件。如清代順天府是由二十四個州縣組成的行政轄區，這些州縣雖然距離相隔不遠，但在民俗方面卻仍然有所不同。因此（光緒）《順天府志》專設「風俗」一目，既對轄區內不同區域的民俗進行概括和區分，「霸、文偏於南，與保定、河間相似；昌、密偏於北，與宣化、永平相似。寶、寧富庶，俗尚奢靡；平、懷狹隘，民情弇鄙。大同之中，不無微判。」此外志書還對順天府內各地的風土人情等具體的民俗事象，分別專門加以梳理和記述。如霸州「州西地借平衍，民樹桑棗，勤耕織，然當諸河之衝，頻罹水患。東多水鄉，饒魚、鹽、席、葦之利。南汙下沮洳，不得耕播，民多業漁，其俗樸野愚鈍倔強，不肯屈折，每秋水泛濫，多棄業，攜家徙別所。郡北沙薄，不宜穀，民種榆柳，植瓜果，與諸屯接壤，有軍衛風。」〔註 133〕本州四境因爲自然環境不同，導致各地的風土人情也有差別。

直隸方志中對於各地風俗習慣的記載，是十分翔實的，對於當今社會風俗史的研究而言，具有十分重要的參考價值。

（二）宗族、家族

清代直隸方志中社會史的資料，還兼具其它特色。如關於宗族、家族的記載，就是其中的代表之一。吳汝綸所撰（同治）《深州風土記》中關於「人譜」的記述，就屬於此類的內容。

是志中首創「人譜」一門，廣徵私家譜牒及地方文獻，「網羅散逸，詳而不冗，」〔註 134〕重在考述深州境內古今望族大姓之演變，不同於通常所見的

〔註 132〕鄭士蕙纂修：（同治）《靜海縣志》卷一「地理志·風俗，」清同治十二年（1873）刻本。

〔註 133〕萬青藜、周家楣修，張之洞、繆荃孫纂：（光緒）《順天府志》卷三十一「風俗，」清光緒十二年（1886）刻本。

〔註 134〕瞿宣穎：《方志考稿（甲集）》第一編，北平：京津印刷局，民國十九年（1930）排印本。

家譜。吳汝綸認為：「北人不重氏族，往往宗姓繁衍，家無譜牒，族無祠堂。數典忘祖，君子恥之。今宜查境內各村，某村有幾姓？某姓何時始遷？其遷來自何所？其族有官宦幾人？有進士、舉人、秀才若干人？各載源流，以備考覽。其源難知，則從蓋闕，以示疑事毋質之義。」〔註 135〕

因此該志所載深州人物「往往有世家可譜，遠者數十，近者三、四世。」〔註 136〕例如對州境劉氏望族的源流和沿革情況，吳汝綸就考證得十分具體、嚴謹。當時深州境內共有三支劉姓望族，其中「深州石曹魏村劉氏一　：州舊志載劉、杜二家封敕，乾隆志削之，今遂不見劉尚書先代名字，自贈尚書，士舉始可紀，士舉生中敷。正統初，戶部尚書罷歸，起為戶部侍郎、太子賓客，生二子璉、琛。璉，光祿寺卿。琛，工部郎中。璉生機，吏部尚書、太子太保。琛生材，以祖中敷蔭入監，累官鉅野知縣、濟南通判。深州劉氏又有河南按察僉事瑄者，疑其為中敷從子行也。瑄父，愉。」「深州唐鳳里劉氏二：始祖忠自密雲縣來居，元季避亂山東，洪武復歸唐鳳。忠生鑒，鑒生建德主簿貟，貟生略陽主簿汝弼，汝弼生二子。困學，杞縣主簿。正學，大同知縣。其後世當順治時，有陝西按察副使景雲。」「深州劉氏三：淑茂，乾隆時歲貢生，從弟淑瑗、淑倫皆早卒，教從子鶴鳴、鷄鳴，皆為諸生。淑茂子岡鳴，乾隆三十六年（1771）舉人，生觀豹，觀豹生仁和，仁和生忠，忠生冠玉，七世同居。」〔註 137〕另外他還對武強、饒陽和安平三縣劉氏望族的源流、沿革情況，也都一一進行了詳細的考證。吳汝綸的記述和考證十分嚴謹，徵引資料非常豐富，足見其功力之深厚，並為研究我國北方宗族、家族的歷史，提供了極具參考價值的文獻資料。

清代直隸方志中的社會史文獻資料，不僅內容十分翔實，種類非常豐富，同時兼具鮮明的區域特色，因此極具參考價值。

七、醫療衛生

直隸地區在清代曾經湧現出許多成就卓著的醫學家，這類內容在清代直隸方志中的記載同樣也是很多的。如（光緒）《遵化通志》詳載清代具有革新

〔註 135〕吳汝綸：《桐城吳先生日記》卷十五「纂錄・採訪志書條例，」北京中國書店刷印（戊辰五月蓮池書社印行）。

〔註 136〕吳汝綸纂修：（同治）《深州風土記》記十二上「人譜，」清同治十年（1871）修，光緒二十六年（1900）文瑞書院刻本。

〔註 137〕吳汝綸纂修：（同治）《深州風土記》記十二下「人譜，」清同治十年（1871）修，光緒二十六年（1900）文瑞書院刻本。

思想的著名醫學家王清任的生平及醫學成就。王清任字勳臣，玉田縣學武生，醫術很高，「醫名噪京師。」尤其「於臟腑形狀，考證古書，校辨異同，至歷野冢、市曹諸穢地，諦視繪圖。論氣血，尤多見地。」其一生醫學成就卓著，並著有《藝林改錯》一書行世。〔註 138〕清代直隸方志中的這些記載，對於當今的中醫藥研究，也具有一定的參考價值。

清代直隸方志中不僅記載許多成就卓著的醫學家外，尤其保存了不少民間的驗方偏方。如（道光）《重修武強縣志》中曾經記載急救醫方約九十法。是志的編修者認爲「急救方爲衛生之要術，小民耕作，疾苦寒暑，易侵飲食，所經偶誤、毒螫。或有以詬詈而致憤輕生，或有以爭端而輒相鬥毆，一朝之氣難解，終身之擾者不可殫述。茲並將洗冤錄急救各方悉採錄之，俾民周知而利用，」爲民眾的生命和健康服務。〔註 139〕如治療創傷，該志認爲應該採用外敷的方法：「凡殺傷不透膜者，乳香、沒藥各一，皂角子大研爛，以小便半盞，好酒半盞同煎，半溫服。然後用花蕊石散，或烏賊魚骨，或龍骨爲末，敷創口上即止。昔推官宋琢定驗兩處殺傷，氣偶未絕，亟命保甲取蔥白，熱鍋炒熱，遍敷傷處，繼而呻吟，再易蔥白，傷者無痛矣。」配方爲「花蕊石散、乳香、沒藥、羌活、紫蘇、蛇含石（童便煅三次）、草烏、川厚樸、淨輕粉、白芷、細辛、蘇木、全當歸、降眞香、南星、檀香、龍骨各二錢，花蕊石五錢（童便煅七次）、麝香三分右」使用方法則爲「共研極細，罐收聽用，蔥湯洗淨，用此糝之，軟棉紙蓋紮，一日一換，神效。」

而對於治療燙傷，是志則詳細介紹了「蚌漿冰麝救法」、「禁用冷水救法」、「陳醫寬塗救法」、「劉寄奴救法」、「大黃調醋救法」等多種方法，主張應該視病情輕重程度，選擇其中適宜的方法。〔註 140〕

清代直隸方志中保存的這些驗方偏方，全部來自民間長期的實踐經驗，簡單實用，而且療效顯著。如果經過認眞的搜集、整理和科學的研究，並且加以充分利用，勢必爲豐富我國當今的中醫藥事業，保障人民的身體健康，發揮重要的作用。

〔註 138〕何崧泰、陳以培修，史樸等纂：（光緒）《遵化通志》卷六十「雜傳・方技，」清光緒十七年（1891）刻本。

〔註 139〕翟愼行修，翟愼典纂：（道光）《重修武強縣志》卷首「凡例，」清道光十一年（1831）刻本。

〔註 140〕翟愼行修，翟愼典纂：（道光）《重修武強縣志》卷十「雜稽志，」清道光十一年（1831）刻本。

八、人物傳記

清代直隸方志中人物傳記不僅數量很多，爲一般正史、筆記所無法比擬。而且層面很寬，類型很多。許多歷史人物的事迹，只有在方志裏找得到。民國時期著名方志學家瞿宣穎在《方志考稿》中曾經談到：「前代人物不能登名於正史者，往往於方志中存其姓氏。」〔註 141〕這個現象一般有兩個原因所致：一是正史與方志編寫體例、目的、篇幅等不同造成的。因爲正史是立足於國家全局的高度來寫，所以在僅有的篇幅內往往側重於寫要事要人，地方志則是以地方事務作爲特定的記述對象，反映某一特定區域比較鮮明的地方特色。二是地方志有地理之便。方志以一省、一府、一州、一縣、一鄉、一村的空間範圍作爲記述單位，就一個區域的資料收集可以很全面，或者盡可能全面，因此方志具有編纂資料宏厚豐富、體例特殊的優點，可以補充正史中所缺的內容。清代直隸方志中的人物傳記具有如下的特點：

（一）傳記類型十分豐富

清代直隸方志中的人物傳記類型豐富，非常全面。「國史之於方志，猶貴族之於平民也。國史所載，不過聖功王道，專注重一帝一姓之興亡。書志彙傳，間及民間，人致簡略，實不足以表現過去社會體象之全部。至於方志，則大異是。其着重之點，全在民眾。諸如社會制度，禮俗習尙，民生利病之不詳於正史者，其委曲隱微，莫不具載，足補史書之所不及，實近世史家所應特予注意者。」〔註 142〕包涵清人傳記內容的方志，相比其它類型的歷史文獻，具有各種社會層面人物的傳記材料。因爲同許多史籍一樣，方志既爲官僚、文人和孝子賢孫立傳，又給和尙、道士、醫生、術士、匠人等，深處社會下層的各類人物作傳，而這類人通常是有些史書所不屑一顧的。

關於女性傳記，同樣也以方志的記載爲主。對於列女傳所涉及的各類人物，不少志書編修者都是「將採訪所及，與凡呈送節略入志館者，皆大書之，盡闡幽光。」〔註 143〕由於清代社會封建觀念濃重，往往以女子無才便有德，講究「閫行不出於外，」女子限於家務勞動，與社會接觸不多，很難有業績供

〔註 141〕瞿宣穎撰：《方志考稿（甲集）》卷首「自序，」北平：京津印刷局，民國十九年（1930）排印本。

〔註 142〕傅振倫著：《中國方志學通論》第 14 頁，上海：商務印書館，民國二十四年（1935）十二月出版。

〔註 143〕吳惠元修，蔣玉虹、俞樾纂：（同治）《續天津縣志》卷首「凡例，」清同治九年（1870）刻本。

人謳歌。就是治家有方的，又不能向外人傳播，本身及客觀因素決定她們，除節烈行爲，似乎就沒有可供人稱道的地方。所以多數清代直隸方志中列女傳具有共同的特點，撰寫的模式幾乎是千篇一律的，內容上多有重複，令人難以卒讀。

（二）方志中的人物傳記為人物研究提供必要的補充

清代直隸方志傳記具有獨特的史料價值。關於清代部分名臣在直隸地方上的政務活動情況，有關方志也有不少記載。它對於正史的補充不可缺少，這是因爲有些人物的傳記雖然被記載在若干史籍中，方志中有，其它文獻也有，然而內容不一，各有特色。同一人物在方志和其它載籍中的傳文，詳略和特色上存在一定的差別，史料價值也不相同。各種文獻中傳記內容的同異，說明各種體裁的著作在人物傳記方面都有其資料特點。由於着眼點的不同，有的側重於寫生平，有的則在要事上，或在一般不經意的地方，各種差別使諸種體裁的文獻起着互相補充的作用，都有存在的價值，從而留下更多的史料，供研究者利用。方志中人物傳記的史料價值，主要體現在它給各種社會類型的人物留下簡歷、主要事迹和特殊事迹，而能爲正史等文獻提供必要的補充，是清人傳記文獻中的一種重要類型。

如寶坻人芮復傳曾經擔任錢塘知縣、溫州知府，政績比較出色。（乾隆）《寶坻縣志》記載芮復傳，清「康熙己丑（注：四十八年，1709）進士，由中書改授錢塘知縣。五載，政聲翕然。召見，特授溫州知府，及抵任過杭，士民歡呼。守溫五年，督臣以治有成效，入奏，擢分巡溫處道。」〔註 144〕

《清史稿》中則記載芮復傳，清「康熙四十八年（1709）進士，授浙江錢塘知縣。悉除諸無名錢，曰：『官足給饔飧而已。』有金三者，交通上官署，爲奸利，立逮杖斃之，一時大快。五十八年（1719），大旱，復傳勘實上狀，上官欲寢之，固爭曰：『律有捏災、匿災並當劾，某今日請受捏災罪。』時同城仁和民千人，跣走圍署，曰：『錢塘爲民父母，仁和獨不父母我耶？』上官感動，竟以災聞。開倉行賑，復傳設粥廠二十有七。微行睹視，治胥吏之侵擾者，帑不費而賑溥。駐防營卒馳躪民田，便宜懲治，輒縛而鞭之。治績上聞，世宗特召引見，擢溫州知府。」〔註 145〕可以看出（乾隆）《寶坻縣志》對

〔註 144〕洪肇楙修，蔡寅斗纂：（乾隆）《寶坻縣志》卷九「選舉志・人物，」清乾隆十年（1745）刻本。

〔註 145〕趙爾巽等撰：《清史稿》卷 477 列傳 264「循吏二，」北京：中華書局，1977

芮復傳的資歷反映得更加具體，他於清康熙四十八年（1709）中進士，由中書改授知縣。而《清史稿》則載芮復傳康熙四十八年（1709）中進士，授錢塘知縣，兩者有一定的區別。另外對於芮復傳在浙江爲官期間，因爲政績比較突出，受到當地民眾擁戴的情況，方志記述的內容，也顯得比《清史稿》更爲豐富一些。

再如（同治）《靜海縣志》記載曾經擔任刑部右侍郎的勵杜訥，「原籍浙江祖宏，入靜海籍。」〔註 146〕《清史稿》則載勵杜訥係「直隸靜海人。勵氏自鎮海北遷，訥以杜姓補諸生。」〔註 147〕兩者的記述有一定區別，可以相互補充，有助於加深對於此問題的認識和瞭解。

各類地方性、區域性人物傳記，以方志所載最多，內容最集中。清代直隸方志中記載許多人物的成就、名望，往往享譽於一方，也僅僅限於一方。因之在全國性的史書裏難以見到他們的身影，一般都屬於地方性、區域性人物。而方志正以記敘他們的歷史爲使命，清代直隸方志裏的「職官志」、「名宦志」、「人物志」、「選舉志」等門類中，記載人物傳記所涵蓋人物的社會類型和數量，主要是指這方面的人物。

另外清代直隸方志中的人物傳記，內容上也具有相當的可靠性。這是由於從編修人員上看，地方志大都由當地人撰寫，常常由地方官主持，地方上的名儒學者參加。再從修志的資料來源看，方志重在記述當代，修志時除利用正史外，更多地利用本地的圖藉、譜牒家傳、詩文集、實物和實地調查等資料，這些資料屬一手資料，具有地近、時近、容易核實的特點。因此方志在研究區域型人物時，可以發揮無可替代的作用，具有很高的學術價值和社會價值。

綜上所述，清代直隸方志作爲「一方之百科全書，」所記載的內容是非常豐富的，涵蓋的領域也是非常寬泛的。志書中對於直隸各地的歷史沿革、自然地理，以及政治、經濟、社會風俗、文化、宗教、醫療、人物等各方面的內容，都能夠按照旨趣相同的特點分類記述。同時由於直隸各地社會經濟發展不平衡，記述對象各異，地情特點不一，人文環境也有差異，其結果必

年 8 月第 1 版第 13005～13006 頁。

〔註 146〕鄭士蕙纂修：（同治）《靜海縣志》卷六「鄉賢，」清同治十二年（1873）刻本。

〔註 147〕趙爾巽等撰：《清史稿》卷 477 列傳 264「循吏二，」北京：中華書局，1977 年 8 月第 1 版第 9946～9947 頁。

然是呈現異彩紛呈，絢麗多姿的局面，使清代直隸的地域特點得到充分的展示。

第四章　清代直隸方志的續修和增修

整體而言，清代直隸首次編纂的志書，無論體例結構、門類設置，還是內容編次，都草創了後世修志的規範，其後的續志是在前志基礎上的進一步發展和完善。自清代開始，直隸方志編修逐漸制度化，並呈現出連續性的特徵。關於清代直隸方志續修的意義、體例和方法，以及新志與舊志的關係等問題的研究，也隨之逐步展開。如何處理繼承與創新的關係，成爲方志續修過程中面臨的一個關鍵問題。對此進行相關的研究和考察，可以爲當今的修志提供參考和借鑒。

第一節　清代直隸方志續修的名稱、涵義和組織

方志的續修形式確立於宋代，歷經元、明，延續到清朝，已經形成比較嚴格的規範，從而使方志續修作爲一項制度得以傳承下來。清朝政府對修志有詳細的規定和明確的要求，雍正時曾經規定各州縣每六十年一修，雖然因爲各種原因，各地在實際執行中並不統一。有的相距五六十年，有的相距七八十年甚至一二百年，但由於各級政府的普遍重視和推動，直隸地方的修志活動大體上得以持續進行，因此絕大多數地方的方志都能夠一修再修，連續編修兩三次以上的省府州縣志比例過半，甚至出現四修、五修或更多次數編修的現象。如正定府贊皇縣曾經四次修志，康熙、乾隆、光緒朝各 1 部，鄉土志 1 部。保定府束鹿縣曾經五次修志，其中康熙、乾隆、嘉慶、同治朝曾經各修 1 部，光緒朝修鄉土志 1 部。遵化直隸州甚至曾經六次修志，不僅次數多，而且類型豐富。其中包括州志：康熙朝修 1

部，乾隆朝修 2 部；縣志：康熙朝修 1 部；志略：康熙朝修 1 部；通志：光緒朝 1 部。各地志書的多次編修，說明清代直隸社會各階層對修志活動一直是非常熱衷，並且大力推進的。

一、續修的名稱

由於同一府州縣志書先後頻繁纂修，為了區別不同時限所修的志書，於是產生了各種各樣的名稱或稱謂。根據《中國地方志聯合目錄》、《中國地方志總目提要》，及王重民撰《中國善本書目提要》、《中國善本書目提要補編》等多種知見書目所載，方志續修名稱有續修、續志、續編、續纂、續集、續增、續刻、續補、增續、增修、增纂、增輯、補續、重修、重纂、重續、重輯、新志、新修、新編、新纂、新續、志補、補正、新補、補修、補遺、後志、續補、初續等。在清代直隸志書中，所涉及的名稱就有重修、續志、重刻、志補、後志、新志、續補、續修、新續、續編、初續、補正、續增等數十種之多。表面上看，眾多的志書名稱似乎使續修的形式變得複雜化，而且在同一部志書中，還有不同的表達形式和稱謂。如（道光）《重修南宮縣志》中，志名與沈惇厚作《重修南宮縣志序》相同，而在徐寅第所作《南宮縣志序》和凡例，周栻、陳柱分別作《南宮縣志敘》中，則均稱為《南宮縣志》。

這些不僅反映了清代直隸方志編修體例與內容的複雜性，而且突出了方志編修制度日益規範化運作的特點。

二、續修的涵義

對於續修問題，清代方志名家們曾經進行過深入的研究和探討。如章學誠在《記與戴東源論修志》中，就此問題作過明確的論述。「史部之書，詳近略遠，諸家類然，不獨在方志也。……。且今之修方志者，必欲統合今古，蓋為前人之修是志，率多猥陋，無所取裁，不得已而發凡起例，如創造爾。如前志無憾，則但當續其所有。前志有闕，但當補其所無。」又說：「夫修志者，非示觀美，將求其實用也。時殊勢異，舊志不能兼該，是以遠或百年，近或三數十年，須更修也。」

他不僅提出方志續修的必要性，而且提出了續修應該遵循「統合古今，詳近略遠」的總體原則，以及兩種基本的方式：一是在前人所修之志「猥陋無所取裁」的情況下，續修當「發凡起例」，如同創修；二是在「前志無憾」

的情況下，在前志基礎上給予續和補。〔註1〕章學誠是中國方志理論的集大成者，這一論斷既是對前代修志傳統的高度概括和總結，同時也對清代直隸方志的編修制度產生了深遠的影響。

現存清代直隸方志大多從事物發端記述，貫通古今。據（光緒）《井陘縣志》記載，正定府井陘縣「舊志修於雍正八年（1730），距今一百四十五年矣。勢易時移，急宜纂修以資考鏡，而山邑荒僻，土瘠民貧，籌款維艱，因循未果。」在此情況下，只能「因取舊志，詳加指示，若者當因，若者當革，訛者正之，缺者補之，務求實迹，不尚繁文，則筆墨簡矣。」「前朝事以舊史爲憑，而隋唐迄明，則趙君（該志主纂趙文濂）所搜葺者也。至於保舉忠義、蔭恤，舊志之所無，近年之所有，則又發凡起例，重新增入者也。踰年脫稿，鳩工發刻，與舊板彙爲一編，裝訂成書，以資考鏡。舊志不廢，前人之著作不致湮沒無傳。新志告成，後人之纂修，亦幾心力俱瘁矣。」〔註2〕可見新志是將舊志的內容有因有革，訛者正之，缺者補之，務求實迹，不尚繁文，內容簡明。如有舊志內容缺乏者，則重新發凡起例，進行增入。

再如據（同治）《欒城縣志》記載，正定府欒城縣「邑侯陳公（該志主修陳詠）奉憲檄修志，開局採訪，命惇（該志主纂張惇德）編次。惇學識疏淺，何敢附名修志之列，邑侯謂惇：『邑人也，宜不可辭』。諄命之兼授義例，乃披讀舊志，漏者補，訛者訂，復增續各條，以期詳盡。」〔註3〕是志續增補的重點，表現在卷末特設「辨訛目」，內容十分具體，其中多爲更正舊志之誤。

可以看出清代直隸續修方志的工作，除在內容上有所因革，刪繁就簡外，仍然通過採取補充、釐正、增入等各種模式和手段，增加後續新的內容。

三、續修的組織

首先伴隨着清代直隸續修和增修，志書的卷數不斷增加，志書容量逐步擴大，各地修志機構也逐步擴大，編纂人員人數不斷增加。如清康熙六年（1667）正定府武強縣編修志書時，由李道光修，吳渠、賈振裘纂《重修武

〔註1〕章學誠：《記與戴東源論修志》，參見《文史通義》卷八「外篇三，」清光緒二十五年（1899）三味堂刻本。

〔註2〕常善修，趙文濂纂：（光緒）《井陘縣志》常善「序，」清光緒元年（1875）刻本。

〔註3〕陳詠修，張惇德纂：（同治）《欒城縣志》張惇德「後序，」清同治十二年（1873）刻本。

強縣志》四卷，編修機構中設總裁 1 人，編次 2 人，訂正 3 人，共計 6 人。到清道光十年（1830），已經改屬深州直隸州的武強縣再次續修志書時，由翟愼行修，翟愼典纂《重修武強縣志》十二卷，編修機構中設鑒定 1 人，纂修 1 人，協修 2 人，督刊 1 人，採訪 8 人，收掌 2 人，校對 2 人，謄錄 3 人，鐫刊 1 人，共計 21 人，志書卷數增加兩倍，編纂人數增加了六倍之多。再如清康熙三十二年（1693），河間府東光縣纂修志書時，由白爲璣修，馮樾纂（康熙）《東光縣志》八卷，編修機構中設纂著 1 人，參正 2 人，督梓 2 人，采輯 6 人，共計 11 人；光緒十二年該縣續修志書時，由周植瀛修，吳潯源纂（光緒）《東光縣志》十二卷首一卷，設鑒定 1 人，督梓 2 人，監修 3 人，纂輯 1 人，編次 8 人，校對 5 人，參校 1 人，繪圖 3 人，繕寫 14 人，收掌 5 人，採訪勸輸 23 人，共計 66 人。志書卷數僅增加五卷，編修人數則增加五倍之多。

其次續修組織機構內部職責分工更加明確和系統化。大名府元城縣在清康熙十五年（1676）開始修志，由陳偉纂修（康熙）《元城縣志》六卷首一卷，修志組織機構中設總裁 4 人，鑒定 4 人，纂修 2 人，參訂 4 人，校閱 11 人，采輯 2 人，共設立 6 種職責，27 人參與。到清同治十一年（1872）進行續修時，由吳大鏞修，王仲甡纂（同治）《續修元城縣志》，卷數雖然仍爲六卷首一卷，但修志組織機構中設總裁 8 人，省局提調 3 人，鑒定 2 人，府局提調 1 人，纂修 2 人，參訂 2 人，採訪 5 人，校對 4 人，拾遺 1 人，繪圖 1 人，共設立十種職責，29 人參與。再如河間府吳橋縣在清康熙十二年（1673）開始修志，由任先覺修，楊萃纂（康熙）《吳橋縣志》十卷，修志組織機構中設主修 1 人，參訂 1 人，校閱 1 人，纂修 1 人，詮次 3 人，共設五種角色，7 人參與。到清光緒元年（1875）進行續修時，由倪昌燮修，馮慶楊纂（光緒）《吳橋縣志》，不僅志書容量增加，卷數由十卷擴展到十二卷，而且修志組織機構中設主修 2 人，協修 4 人，編輯 5 人，參閱 3 人，督刊 2 人，校對 3 人，採訪 30 人，共設立 7 種職責，49 人參與。

可以看出清代直隸各地續修相比初修時，修志組織機構不僅規模進一步擴大，編修人員數量不斷增加，而且分工更加精細，職責更加明確，組織更爲系統化。這些變化既體現出清代直隸對方志續修編纂工作的持續重視，又標誌着那裡方志續修編纂水平正在不斷提高。

第二節　清代直隸方志續修的體例與方法

在清代直隸方志的編修過程中，續修的新志和舊志都是相對而言的。正是因爲有舊志或前志作爲基礎，才具備方志續修或增修的前提和條件。續志以前志的體例、內容爲規範，較之前志往往有所因革，正訛誤，取善補遺，刪除舊的內容，增加新的內容。在某種意義上來說，後志是對前志的繼承、創新和完善。

就清代直隸方志續修的實踐過程而言，爲達此目的，修志者進行了許多有益的探索和分析，採用的方法和體例主要有：

一、增補型

無論是就方志續修的名稱，還是方志續修的內涵而言，方志續修的「補」都是一種重要形式，也是一種常見的編纂方法。而這一方法的出現與應用，則與志書的時序性、紀實性有直接關聯。後志在前志的基礎上進行補輯修纂，這種體例形式稱爲「增補體」，用這種體例編纂的志書稱爲「增補型」。在清代直隸方志的編修過程中，採用這種體例的志書多有存在。

（一）在舊志基礎上，進行內容上的增輯

1.（康熙）《元城縣志》和（同治）《續修元城縣志》

（康熙）《元城縣志》記事止於清康熙十五年（1676），爲大名府元城縣的第一部縣志。正文分六門五十五目，約六萬二千餘字。而（同治）《續修元城縣志》於清同治十一年（1872）續修，同年付梓，記事止於清同治十一年。正文分六門三十四目，約十四萬字。它是在清康熙十五年舊志基礎上續修增補，所載史實多沿舊志。

清代元城縣的修志活動，創始於清康熙十四年（1675），由知縣陳偉編修。此後一百九十七年間，未經續補，「舊志大綱凡六，曰：輿地志、建置志、田賦志、宦業志、人物志、藝文志。」新志「其條目則按新頒章程輯之，曰：沿革、年紀、星野、形勝、故迹、疆域、風俗、城池、署廨、學校、坊表、寺觀、田賦、秩祀、兵防、方物、鹽政、馬政、名宦、職官、名臣、忠義、懿行、文苑、帝後、節孝、貞烈、人物外志、選舉、武科、武勳、贈封、恩蔭、藝文，凡三十四門。」全志資料來源方面，「仍舊志原文者十之四，節取府志者十之三，博徵群書及採輯民獻者，亦十之三焉。」

另外舊志沿革門也存在遺誤之處，「形勝、古迹，均未詳考。而山陵、河

道，尤為簡略。」而編修新志過程中，則「今詳加編輯，」如「其『漳河』一條有關地方利弊，則自漢至今，考據特詳，以備異日疏濬修築之採擇云。」

舊志「星野」目有圖無文，新志則「今遍輯載籍、史乘、秘書，悉為引證。其原圖經緯遺漏，方位倒置，則別之繪圖焉。『疆域』附以『里甲，』相沿既久，地名訛誤，悉正之。」〔註4〕

2.（康熙）《日下舊聞》和（乾隆）《日下舊聞考》

（康熙）《日下舊聞》由清初著名學者朱彝尊撰寫。朱彝尊曾經於清康熙十八年（1679）開博學鴻儒科之際，以布衣入選，授檢討。康熙二十年（1681）充日講起居注官，入直南書房。與姜宸英、嚴繩孫並稱「海內三布衣」。《日下舊聞》撰於清康熙二十五年（1686），講述北京史事掌故，廣輯一千六百餘種古籍中有關北京的文獻，分編為十三門：星土、世紀、形勝、宮室、城市、郊坰、京畿、僑治、邊障、戶版、風俗、物產、雜綴，各卷之後有朱昆田的補遺，共計四十二卷。該志材料豐富，記述詳明，卷首有當世達官名士徐乾學、姜宸英、張鵬、馮溥、唐夢賚、陳廷敬、高士奇等人的序。姜宸英曾經稱之「詳覈而典贍者矣。又間以己意，辯論其是非，援據精確，辭雅意暢，前此未有此書也。」〔註5〕乾隆時引起皇帝的重視，因而有《欽定日下舊聞考》的編纂。

清乾隆三十九年（1774），乾隆帝命廷臣增補重修朱彝尊《日下舊聞》，由于敏中、英廉任總裁，竇光鼐、朱筠任總纂，於乾隆五十（1785）至五十二年（1787）刻版成書，稱《日下舊聞考》。該志共計一百六十卷，「朱彝尊原本分星土、世紀、形勝、宮室、城市、郊坰、京畿、僑治、邊障、戶版、風俗、物產、雜綴十三門，掌列眉分，頗稱詳贍，應仍各舊目。惟『城市』門首標京城，總紀皇城，各卷又各官衙署，原本載入『城市』門，國朝官府建置視前代更昭美備，又八旗內務府各衙門均屬創設，謹別立『官署』一門，以原有各條移入新分門目，而以現在體制增載於後。又城西玉泉、香山等處原本俱列入『郊坰』門，今西郊為御園勝地，謹別立『苑囿』一門，用崇規制。」「朱彝尊原本援引該洽，而徵採既多，難免遺漏，今將原本所引各仍其舊，而以現在援據補入者續編於後。凡朱彝尊原引，則加一『原』字於上，

〔註4〕吳大鏞修，王仲蛙纂：（同治）《續修元城縣志》卷首「凡例，」清同治十一年（1872）刻本。

〔註5〕朱彝尊纂修：（康熙）《日下舊聞》姜宸英「序，」清康熙二十七年（1688）刻本。

朱昆田補遺者則加一『補』字於上，其新行添入者則加一『增』字於上，逐條標識，以期一目了然。」〔註6〕

本志編修仍然沿用朱彝尊《日下舊聞》的分類，增加了國朝宮室二十卷（卷九至卷二十八），京城總記二卷（卷三十七至卷三十八），皇城四卷（卷三十九至卷四十二），國朝苑囿十四卷（卷七十四至卷八十七）。官署十二卷（卷六十二至卷七十三），是從原城市門內獨立出來的。郊坰原有六卷，增爲二十卷（卷八十八至卷一百零七）。京畿從二十卷增爲三十七卷（卷一百零八至卷一百四十四），容量約有《日下舊聞》的四倍。該志除增輯《日下舊聞》刊後百餘年來北京的新情況外，還對《日下舊聞》疏漏錯訛之處作了考訂，內容極其豐富，保存了許多珍貴的史料。

增補體是在舊志的基礎上，續修時普遍採用的體例之一。

（二）根據舊志體例、類目的增補

1.（乾隆）《平鄉縣志》和（同治）《平鄉縣志》

由楊喬纂修的（乾隆）《平鄉縣志》採用綱目方志體例。重修目錄爲：卷一　星野：斗樞、辰、胃昴畢（災祥附），卷二　地理上：疆域、形勝、建置沿革（城池、公署、倉庫、郵鋪、城鎮、市集、里社、鄉村附）、壇廟（祠坊附），卷三　地理下：學校（義學、學田附）、山川（橋梁、閘口附）、古迹（陵墓附），卷四　典禮：朝賀、秩祀、迎春、耕獵、賓興、鄉飲酒禮、鄉約，卷五　田賦：地畝、戶口、錢糧（稅課、鹽筴附）、保甲、遞馬、物產、風俗，卷六　職官：官師、防汛，卷七　選舉上：薦舉、進士、舉人、貢生，卷八　選舉下：例貢監生、武舉、武進士、掾仕（訓、術、僧、道等附）、武職、封爵（戚畹附）、封贈、宦官」，卷九　人物：仕迹、忠節、孝子、義行、隱逸、仙釋、列女，卷十　藝文上：記，卷十一　藝文中：記、傳、序、賦，卷十二　藝文下：詩、詩餘。

而由蘇性纂修，吳沂增訂的（同治）《平鄉縣志》較舊志，則「體式沿舊制，前事遵原文。」〔註 7〕門目設置仍依乾隆舊志，僅將後事分類續入。「舊志分爲綱八，目五十有二，今於『選舉門』增入『恩賜』，又於『藝文門』增『疏』，而刪『詩餘，』計目五十有三。」同時新志在內容上較舊志，也有所

〔註 6〕于敏中、英廉等修，竇光鼐、朱筠等纂：（乾隆）《日下舊聞考》卷首「凡例，」清乾隆五十三年（1788）武英殿刻本。

〔註 7〕蘇性纂修，吳沂增訂：（同治）《平鄉縣志》卷首蘇性「序，」清光緒十二年（1886）增刻本。

增刪和調整。如「考之史書傳記，有與舊志不同者，在舊志相傳已久，或有所本。則仍存舊文，爲之附疑於後，以俟博雅者考正。其凡附管見者，俱以『按』字別之，」藉此闡述新志編修者的觀點與見解。另外，「其『封爵』之舊列『選舉』門者，改列『職官』門。『醫學』等之附『職官』後者，改附『掾仕』後。餘俱從舊，即將後事分類續入。」「乾隆十五年（1750）以前事迹多依舊志原文，就中亦有一二修補訂誤者，如天文敘入太白經天，地理不詳滏河諸閘，並選舉門列封爵，而封爵中記酇侯之類，要必確知有乖義例，及衍文訛傳，方敢有所增刪。」「『舉貢』中之有『文行，』及『職官』中之有『政迹』者，似宜別爲文。」「邑志之有『藝文，』宜取其有關於邑之風土、人物、制度者，方可採錄。舊志因當時文藝太少，登選過寬，中有凡載官紳詩文，今查其最無關涉者刪之，以明作志體例。至增入後來各詩文，務本此意採取，不敢效尤也。」較之舊志，新志對於志書門目設計、增入內容，都有明確的要求。〔註 8〕

二、續志型

續修從形式而言，一般多承前志下限，依前志體例、類目設置，稱「續志體」。

1.（康熙）《靈壽縣志》和（同治）《靈壽縣志》

（康熙）《靈壽縣志》修於清康熙二十四年（1685），翌年秋刊行。卷末一卷附錄陸、傅二氏修志議。正文十卷分十門二十九目，共約九萬三千字。按：靈壽志創修於明嘉靖九年（1530），其後分別於明萬曆四年（1576）、清康熙十一年（1672）兩度重修。是志乃第三次重修，記事止於清康熙二十五年（1686）。係因前志，益以後所聞見，序次成書。其凡例皆云：「靈壽土瘠民貧，居官者知此然後不敢以紛更聚斂爲事，土著者知此然後不敢以侈靡爭競爲能。」〔註 9〕以此爲修志之宗旨，爲後世所推重，但其體例、題材，只能屬於一家之言。其中「田賦志」搜採明末清初刊定一條鞭法前後資料之詳賅，確有重要的參考價值。是志後世流傳較廣，夙負盛名，其編纂之較有義法，向爲一般所稱道，有「康武功，陸靈壽」之譽。「近代邑各有志，當以直屬靈

〔註 8〕蘇性纂修，吳沂增訂：（同治）《平鄉縣志》卷首「凡例，」清光緒十二年（1886）增刻本。

〔註 9〕陸隴其修，傅維枟纂：《靈壽縣志》卷三「物產志，」清康熙二十五年（1686）刻本。

壽縣志爲第一。」〔註10〕是志有臺灣成文出版社影印清康熙二十五年（1686）刻本。

（同治）《靈壽縣志》在體例上一沿前志，只是在前志的基礎上，將所續入的內容附於舊志各類之後。另有些所續入的內容係前志所未收，而據正定府志補入者，並加以注明，所增文字約占舊志百分之六十。由於靈壽志「續修於康熙乙丑年（二十四年，1685）當湖陸稼書先生來宰斯邑，取國學傅君家塾藏本，詳加討論，訂爲十卷。獻之天府，傳及四方，一時幾於洛陽紙，迄今幾二百年矣。其間幽光潛德，湮沒不彰者又不識幾何，詎無學士大夫起而欲修者，乃或迫於公私之煩冗，或憚於資斧之缺，如觀望躊躇因循，遂至於今日。」清同治十一年（1872）「伯相國李制軍（注：李鴻章）續修《畿輔通志》，諭合省丞倅牧令各將所屬舊志，一律興修。責無可辭，爰集邑人士協心採辦。茲鄉雖有數子之雅，而故者實難爲之詞，乃依稼書先生原訂舊本，每類各續於其後，條分縷析，閱十月而纂輯成編。」〔註11〕

全志約二十七萬字。記事起於清康熙二十六年（1687），止於清同治十一年（1872）。目錄列爲：卷一　地理志：「風俗續附、社里續附、集市續附、紀事續附、恩紀增、武備增」，卷二　建置志：「丘墓續各類附」，卷三　祀典志：「群祀續並附、災祥志續附」，卷五　田賦志續，卷六　官師志：「邑令續附、師儒續附、僚屬續補、名宦增」，卷七　人物志續附：「仕迹續附、孝義續附、隱逸續附、列女續附」，卷八　選舉志續附，卷末　藝文續志：「雜誌增」。該志有清同治十三年（1874）刻本。

三、重修型

重修是指方志編纂要重新確定體例，重新設置類目，對舊志資料有所保存，對「遺誤者」有所補正，並續增新的內容。後志與前志相比，不僅體例發生很大的變化，而且內容也重新編排纂輯。

1.（康熙）《平鄉縣志》和（乾隆）《平鄉縣志》

（康熙）《平鄉縣志》採用編年記事體例，保存一些珍貴地方資料。是志編修者認爲方志即史也，「古者列國各有史，秦漢而下，郡邑例得爲志，以志時事。然志事矣，而不志年，非史也。而且門類紛錯，載記淆雜。」如果志

〔註10〕李秉鈞、吳欽修，魏邦翰纂：（光緒）《續永清縣志》卷十四「修志謄言，」清光緒元年（1875）刻本。

〔註11〕陸隴其原本，劉賡年續纂修：（同治）《靈壽縣志》劉賡年「序，」清同治十三年（1874）刻本。

書能夠採用編年體，則能夠體現出「志即史」的特徵。因爲「編年而繫事，條貫歸一，易於省覽。至於事宜詳載，不便瑣贅於年之下，如建置、田賦之類者，則別爲一卷。而各年之下，止書大綱，間有考究弗審，仍須訂正者，則爲附遺，爲存疑，爲辨誤於各卷之後。其文直，其事核，其義嚴而正，其言質而有徵，蓋深得乎史之意，而善變乎志之體者也。」〔註 12〕

於是該志在編修手法上採用編年記事，「凡一統皆大書，分統則大書甲子，而分書年號於下，其甲子、年號皆因事以書，無事者不書也。有事而無年可考者，止書某朝某帝號，不敢妄屬甲子。」「每年先書任官，重師帥也。次書昭敕，尊王命也。政事次之，科貢又次之。雜流亦屬邑人，並附記其下。至災祥則隨時記之，不拘後先。」「凡官於我者，則書某來任，循績即立傳於下。若遙領名爵而未嘗任我地者，止書以某爲某官。」「名宦、鄉賢必書。」「建置、田賦，邑之大事也。年下雖書大綱，仍別爲一卷，以志詳悉。」「邑僻年遠考證難悉，多有時代莫可究詰，及不合於例，不信於心者，爲附遺，爲存疑，爲辨誤，於各卷之末，以俟後之君子詳定之。」〔註 13〕因此是志的時間脈絡比較清晰，刊定也比較嚴謹。

該志目錄具體分爲：「一卷　前朝（起高陽氏，止元順帝），二卷　前朝（起明洪武元年，止弘治十七年），三卷　前朝（起明正德元年，止萬曆十二年），四卷　前朝（起明萬曆十三年，止崇禎十七年），五卷　我朝（起順治元年，止康熙十二年），六卷　建置（附鄉村）、田賦（附戶口 馬政 鹽課）。」

（乾隆）《平鄉縣志》編纂者則認爲「舊志編年事迹散漫，」存在一定的缺陷，於是「茲遵紀傳體，以《畿輔通志》爲式，綱八，目五十有二，非好變前人，聊以便於稽考云爾。」因此易舊志之編年紀事體例，採用綱目方志之體例。同時進一步彌補舊志所遺漏的內容，如「舊志自康熙十九年（1680）前縣卞公重修後七十餘年，典籍闕如。職官、典史內，自雍正年以上姓氏莫考，訪諸老成，僅得十一，非敢漏也。」「歷代封爵自漢南亦侯以下共得十二人，舊志僅載蕭喜、姚襄等二三人，未免遺漏，今增入。」「典禮所在，王制攸關，舊志缺焉。今從《會典》增入。」「風俗、物產原備輶軒採訪，舊志缺略，今增之，期於紀實，不嫌瑣屑也。」「邑屬滏水下流，灌溉之利遜於磁州

〔註 12〕趙弼修，趙培基纂，卞三畏續修：（康熙）《平鄉縣志》趙培基「敘，」清康熙十九年（1680）刻本。

〔註 13〕趙弼修，趙培基纂，卞三畏續修：（康熙）《平鄉縣志》卷首「凡例，」清康熙十九年（1680）刻本。

等處，然疏濬得宜，不無小補。今將興廢諸閘，俱詳載源委，以俟變通盡利者。」（見卷三「山川」目之「橋梁、閘口附」）「舊志藝文寥寥，今於鄉前輩及曾官此土，與僑寓諸賢散帙中，搜得詩文若干首登之，以存梗概。」（見卷十二「藝文下」條「詩、詩餘」）〔註 14〕

（乾隆）《平鄉縣志》重修目錄分列爲：卷一　星野：斗樞、辰、胃昴畢（災祥附），卷二　地理上：疆域、形勝、建置沿革（城池、公署、倉庫、郵鋪、城鎮、市集、里社、鄉村附）、壇廟（祠坊附），卷三　地理下：學校（義學、學田附）、山川（橋梁、閘口附）、古迹（陵墓附），卷四　典禮：朝賀、秩祀、迎春、耕獵、賓興、鄉飲酒禮、鄉約，卷五　田賦：地畝、戶口、錢糧（稅課、鹽筴附）、保甲、遞馬、物產、風俗，卷六　職官：官師、防汛，卷七　選舉上：薦舉、進士、舉人、貢生，卷八　選舉下：例貢監生、武舉、武進士、掾仕（訓術僧道附）、武職、封爵（戚畹附）、奉贈、宦官，卷九　人物：仕迹、忠節、孝子、義行、隱逸、仙釋、列女，卷十　藝文上：記，卷十一　藝文中：記、傳、序、賦，卷十二　藝文下：詩、詩餘。

2.（雍正）《密雲縣志》和（光緒）《密雲縣志》

（雍正）《密雲縣志》共分六卷四十七目。是志搜集材料較多，既能補前志之失，又能延事記詳。補前志所未有者，一爲記敘巡幸和歌頌皇德的，一爲記載關於密雲邊防的材料。該縣「縣志雖兩經修輯，尙多缺略未備。況癸丑（康熙十二年，1673 年，清代首修密雲縣志的時間）距今五十餘年，事迹亦皆闕如。培（本志主修陳天培）遍閱境內山川，搜考歷朝舊史冊，及通考、總志群書。凡有關於密邑者，一一採集，分彙編次爲六卷。」卷一包括：紀恩、北巡、沿革、疆域、星野、災祥、形勝、風俗、景致、山川、物產，卷二包括城池、學校、部署、古迹、牌坊、集市、里甲、鄉村、屯衛、倉庫、舖舍、驛站、旗莊、駐防、壇壝、廟宇，卷三包括兵制、官師、事略、科甲、選舉、名宦、鄉賢、忠義、孝友、義善、士行、節烈、仙釋。卷四至卷六爲「藝文」，具體門目包括：卷四爲論制、誥敕、疏略、議奏，卷五爲敘文、傳記，卷六爲詩。

其中記敘皇帝巡幸和歌頌皇德的內容。「盛朝雅化，普天率土，無不沾備恩膏，而密邑爲最。自康熙二十二年聖祖巡幸口外，道經密邑，目擊小民疾苦，蠲賦免役，散賑減糶無虛歲，且修城築堤，動費數十萬金，皇恩浩蕩，

〔註 14〕楊喬纂修：（乾隆）《平鄉縣志》卷首「凡例，」清乾隆十六年（1751）刻本。

宜一一恭紀。」記述有關密雲邊防的內容，「密邑前明爲邊防重鎮，制軍如楊博、楊兆、劉應節、戚繼光諸公，皆以重臣督師，……。其修城、設學、通漕、開墾諸疏，雖一時碩劃，實千秋籌邊至計，惜舊志俱未及載，今一一搜輯補入。」另外還增加部分人物傳記的有關內容，有關「名宦」、「鄉賢」、「忠孝」、「節義」各目，「舊志原載，今相仍無異，但自癸丑以後，細加搜羅，務求其實，以公同論，寧缺不敢濫及。」〔註 15〕

而由丁符九、趙文粹修，張鼎華、周林纂的（光緒）《密雲縣志》雖然同樣分爲六卷，但是本志在體例和內容上與前志比較，有較大調整和補充。如爲集中記述皇帝在本縣的事迹，統列「三紀」，包括：卷一之一　紀一「巡幸」卷一之二　紀二「皇恩」卷一之三 紀三「宸翰。」「二圖」包括天文（卷二之一上）：北極圖說、星野圖說，災祥（卷二之一下）。「圖說四」包括卷二之二「輿地圖」：圖說一（疆域），卷二之三：圖說二（關隘），卷二之四：圖說三（山），卷二之五：圖說四（河）。「有圖無說者六」（卷二之六至十一包括：城營、衙署、市里村莊、壇廟、物產、津驛），「表三」包括卷三之一上（表一「沿革」）、卷三之二（表二「官師」）、卷三之三（表三「人物」），「考四」包括卷三之一下（沿革考）、卷四之一（學校考）、卷四之二（田賦考）、卷四之三（兵制考）。「政略一」包括卷五之一上（政略上）、卷五之一下（政略下），「事略五」包括卷六之一（事略一）、卷六之二（事略二）、卷六之三（事略三）、卷六之四（事略四）、卷六之五（事略五），另附詩文一卷，共約十六萬字。〔註 16〕其中爲記述本縣的名門仕宦，於「事略」中增設「氏族」一門（見卷六之四 事略四）。在職官考、學校考、賦役考內，改變舊志按朝代次序羅列的方法，而採取詳今略古，簡明扼要的方式，這種編排方式還是有一定科學道理的。如將職官自漢朝至當代定額職官，分別列爲四表。記賦役除歷史情況外，當朝中有關賦役制度無變動者，概不輯錄，只着重記述順康兩朝的制度和徵收情況。在充實內容方面，如「沿革」一門，舊志無表亦乏考證，是志則先列沿革表，再列沿革考，表、考相互搭配，既清晰又充實。另外是志經過考察，還重新繪製城池、衙署、泛堡、營鎮、行宮等十五圖。事略中增添了不少明清人物，並對舊志的一些錯誤作了考訂與糾

〔註 15〕 薛天培修，陳洪謨纂：（雍正）《密雲縣志》卷首「凡例，」清雍正元年（1723）刻本。

〔註 16〕 丁符九、趙文粹修，張鼎華、周林纂的（光緒）《密雲縣志》卷首「目錄，」清光緒七年（1881）刻本。

正。(光緒)《順天府志》對本書的評價是「體例謹嚴，考證淹雅，順天近志，以是志及《永清志》爲最。」〔註 17〕該志有清光緒七年（1881）刻本。

可見續修與重修的最大區別在於，續修是對前志體例的沿襲，重修則是因前志「體裁未盡完善」，故重新確定體例。這與增補體也不同，增補體可依前志體例，也可以另設體例。但重修決不意味着志書沒有續修的內容，也並不等於對前志內容的重新編輯或參酌校讎，其實也是一定程度的續修，只是對前志的體例上進行重大變革。這些體現了方志續修在編纂體例和方法上的靈活運用，成爲清代直隸方志歷次續修的基本模式和藍本。

〔註 17〕萬青藜、周家楣修，張之洞、繆荃孫纂：(光緒)《順天府志》卷一百二十二「藝文志一，」清光緒二十一年（1895）刻本。